専門学校の先生のための hyper-QUガイド

退学予防と
キャリアサポートに活かす
"学生生活アンケート"

河村茂雄 編著
早稲田大学教育・総合科学学術院教授

図書文化

まえがき

　小学校，中学校，高等学校の学校現場で，「対人関係を形成し維持していくことがむずかしくなった」といわれる現代の児童生徒たちに対して，学級集団を単位にして指導をしていくことに，多くの教師たちが苦戦しており，その実態は，不登校の増加，学力の低下，学級崩壊・授業不成立，中退の増加，という形で表面化しています。

　その対策として，「①児童生徒個々の実態」「②学級集団の状態」「③個人と学級集団との関係」の3点を同時に把握できるQ-U尺度が活用され，現在230万人の児童生徒たちに実施されています。教育実践の成果を確実にするためには，①②③の十分な実態把握が不可欠です。実態に応じて教育活動が展開されなければ，教師たちの取組みは空回りしてしまいます。

　この流れが高等教育機関にも及ぶのは当然のことです。さらに，近年の青年たちの高学歴化の社会的な風潮は顕著で，残念ながら，明確な目的意識や，人間関係能力の乏しい青年たちも，高等教育機関に進学してくるのが実情です。

　高等教育機関も，専門的な高度な知識・技能を学生たちに提供するだけでは不十分で，学生たちの人間関係形成・社会形成能力を同時に育成していかなければならない時代になったのです。

　専門性が生かされる場は，人間関係が複雑に入り組む組織や社会の中だからです。

このような状況を受け，専門学校版hyper-QUが開発されました。きちんとした①②③の実態把握のもとで，「専門的な高度な知識・技能」と「人間関係形成・社会形成能力」を同時に育成することをめざした教育実践を展開しよう，という機運が専門学校でも高まってきたからです。

　専門学校は大学とは異なり，小・中・高校と同様に，固定されたクラスを単位に授業や活動が展開されることが多いのです。したがって，その対策をしっかりやっている学校と，そうでない学校とでは，退学率，教育成果に大きな差がでるのは明白なことだと思います。

　本書は，専門学校の先生方がQ-U尺度を効果的に活用し，学生たちに，社会から期待される「専門的な高度な知識・技能」と「人間関係形成・社会形成能力」を同時に育成するためのガイドラインとなることをめざして，作成されました。

　本書を多くの先生方に手にとっていただき，新たな教育実践のたたき台にしていただければ幸いです。

2010年6月

　　　　　　　　　　　　早稲田大学　教育・総合科学学術院　教授
　　　　　　　　　　　　　　　　　博士（心理学）河村茂雄

専門学校の先生のための
hyper-QUガイド

CONTENTS

まえがき　　　　　　　　　　　　　　　　　　　　　　　　　　2

第1章　hyper-QUとは何か　　　　　　　　　　　　　　　7
1　なぜ学校現場で hyper-QU が広まっているか － 8
2　アンケート結果から何がわかるのか － 10
3　実施の仕方と留意点 － 12

第2章　結果の見方と解釈のポイント　　　　　　　　　27
1　「学校満足度尺度」の結果の見方 － 28
2　「学校生活意欲尺度」の結果の見方 － 30
3　2尺度の結果を相関する見方 － 32
4　「集団状態」を把握するための結果の見方 － 34

第3章　退学予防に結果を活かす　　　　　　　　　　　45
[考え方と手順]
1　退学した学生のデータから見えてくること － 46
2　個別支援のためのアセスメントのポイント － 52
3　個別支援の進め方のポイント － 54

4　個別面談の展開①一対一のリレーション形成 － 56
　　　　　　　　②問題の把握 － 58
　　　　　　　　③解決策の支援 － 62
　5　集団対応による個の支援 － 64
　　エクササイズ①質問じゃんけん － 66
　　エクササイズ②感じ事典 － 68
　　エクササイズ③どっちがいいタイプ？ － 70
　　エクササイズ④さいころトーキング － 72
　　エクササイズ⑤ビンゴ（夏休みの思い出編） － 74
［専門学校での実践例］
　6　専門学校におけるhyper-QUを使った個別対応のながれ － 76
　7　性別的にクラス少数派となる学生の支援［システム系学科］－ 80
　8　言動から孤立してしまう学生の支援［美容系学科］－ 82
　9　目的感があまり無い学生の支援［総合ビジネス系学科］－ 84
　10　目的集団における低学力学生の支援［医療事務系学科］－ 86

第4章　授業に結果を活かす　　　　　　　　　　　　　　　95

　　1　hyper-QUの結果を活かして授業を展開するには － 96
　　2　「かたさの見られる集団」の授業の工夫 － 100
　　3　「ゆるみの見られる集団」の授業の工夫 － 102
　　4　「荒れ始めの集団」の授業の工夫 － 104

コラム

・hyper-QUの診断資料について　　　　　　　　　　　　　　16
・ソーシャルスキル　　　　　　　　　　　　　　　　　　　40
・K-13法 -hyper-QUを使った事例研究法-　　　　　　　　　88
・キャリア教育とは何か　　　　　　　　　　　　　　　　　90
・教師のリーダーシップ　　　　　　　　　　　　　　　　106

あとがき　　　　　　　　　　　　　　　　　　　　109

第1章

hyper-QUとは何か

hyper-QUは,目に見えない学生一人一人の学校生活への満足度と意欲度,社会的スキルの定着度と,クラス集団の状態を測る,20分でできる質問紙です

1 なぜ学校現場でhyper-QUが広まっているか

●退学や問題行動の未然把握・予防が瞬時にできる

　2010年，専門学校版のhyper-QUが，図書文化社から発行されました。Q-U（Questionnaire-Utilities）は，子どもたちの学校生活での満足度と意欲，クラス集団の状態を調べる質問紙です。1995年に河村茂雄が開発しました。hyper-QU（hyper-Questionnaire Utilities）は，Q-Uに「ソーシャルスキル尺度」が加わったものです。Q-Uとhyper-QUは，2010年現在，全国230万人の小中学校，高等学校の児童生徒が利用しています。

hyper-QUの用紙

第1章　hyper-QUとは何か

　hyper-QUの特長は,「学生の不適応感について, 問題行動として現れる前に, 一括で発見し対策を立てられる」というものです。

　退学予防, 問題行動の予防には, その学生が不適応感をもった初期の時点で対応するのが有効です。しかし, いまの学生たちは, 見た目と本音が違うことも多く, 一見して内面を知ることがむずかしいと思います。

　そこで, hyper-QUを活用して, 学生一人一人の本音の考えや心情を把握する, 日常観察や面談から得られる情報の裏付けをする, 観察や面談では見えない情報を把握する, そうすることで次に必要な対応が見えてくるのではないかと思います。

● クラス経営のベースとなる「集団」のアセスメントツールとして

　hyper-QUには学生個人を見る視点以外に, クラス集団の状態を把握する視点があります。

　私は教師相談を長くやっていますが, 始めた頃は, 悩める教師の話を共感的に聞いてあげながら, その教師を職場復帰に導くことを目標にしていました。しかし, 復帰したところで, その教師がクラス経営を改善する手立てをもてないならば, 現場に出ればまた同じ問題が起こり, 本人はどんどんつらくなり, 学校現場も荒れていくのです。

　そこで, Q-U, hyper-QUの開発においては,「クラス集団の問題状況を一発で発見し, みんなで対策を立てられる尺度」をめざしました。

　日本の学校教育は,「クラス集団」を小さな社会として, その中での活動や生活やかかわり合いを通して, 一人一人に, 能力, 社会性, 人格を統合的に育成していくところに特徴があります。

　このことからも, 日本の教師には, クラス集団の状態を把握しながら教育実践を展開していくことが求められていると思います。

2　アンケート結果から何がわかるのか

●個別対応，集団対応の指針が得られる

　専門学校版のhyper-QUには，4つのアンケートが含まれています。

　4つのアンケートの結果を，それぞれ単独で，あるいは組み合わせてみることで，個人の不適応感の早期発見による退学予防や，クラス状態に応じる授業の展開，などが可能になります。

---

hyper-QU　充実した学生生活を送るためのアンケート

学校満足度尺度
学生が，クラスに居場所があるか（承認尺度），いじめなどの侵害行為を受けていないか（被侵害・不適応尺度）を調べる

学校生活意欲尺度
学生の学校生活における意欲（6領域）を調べる。友人との関係・学習意欲・教職員との関係・学校の支援体制・進路意識・クラスとの関係

ソーシャルスキル尺度
友達と積極的・建設的にかかわり合うための，対人関係のマナーやルールを身につけているかどうかを調べる

悩みに関するアンケート
学生一人一人が日常生活において，どのような悩みをもっているのかを調べる

hyper-QUに含まれる4つのアンケート

●「個人」「集団」「個人と集団の関係」の実態に迫る

hyper-QUを実施すると，次の3つの側面の基本情報を得られます。

個人についての情報
- 一人一人の学生の学校生活の満足感
- 一人一人の学生の学校生活における領域別の意欲

クラス集団についての情報
- クラス集団としての成熟の状態（学生たちの満足感の分布状況）
- クラス集団の雰囲気（学生たちの意欲の分布状況）

個人と集団の関係についての情報
- 学校生活の満足感に関する学生たちの相対的位置
- 学校生活の意欲に関する学生たちの相対的位置

以上の情報を解釈すると，教育実践につながる次の情報が得られます。

- **不登校や退学になる可能性の高い学生はいないか**
- **いじめ被害を受けている可能性の高い学生はいないか**
- **意欲が低下している学生はいないか**
- **クラス崩壊・授業不成立に至る可能性はないか**
- **クラス集団の雰囲気はどうか**

例えば，「一対一で話すと素直なのに，集団の中にいると反抗的」という学生の二面性は，よく見られます。そこで，「個人」「クラス集団」「個人とクラス集団」の3つの側面からアセスメントすることで，学生の本音の部分に迫っていくことが必要だと思います。

3　実施の仕方と留意点

●**実施時期について**

　基本的には，学期開始直後でなければいつでもhyper-QUの実施は可能です。ただし，行事前後などの学生が慌ただしい時期や，小グループ同士の激しい衝突後などは，目先の出来事の影響を強く受けてしまう傾向があり，結果の信頼性を損なうおそれがあります。

　また，教師の対応が学生やクラスにどのような変容をもたらしたのかを理解するうえでは，複数回実施するほうが目的に沿っています。

> **1　クラス経営の指針や学生への対応を考えたい場合**
> 　学生の，クラスの雰囲気や担任教師に対する認知が固まった頃に実施する（めやすは，学期開始から1か月後）。
> 　退学予防の場合，一回目は5月中旬，二回目は夏休み後の9～10月あたりに実施する。
> **2　学生やクラス集団の一年間の変容を確認したい場合**
> 　年間のクラス経営の成果を確認するために，一回目は4月下旬～5月中旬に実施する。その後の1年間の学生やクラス集団の変化の様子，教師の実践の結果を確認するために，二回目は翌年の2月中旬～3月上旬に実施する。
> **3　実践結果を実証したい場合**
> 　研究目的など一つのテーマで取り組んだ実践の結果を検証するためには，実践の前後で実施し，その変化を考察するのに活用する。
> **4　クラスが落ち着かないとき，気になる学生がいるとき**
> 　現在の状況を判断して対策を講じる指針を決めるためにその都度活用

する。ひと通りの対策や対応を実施した後，それが適切であったかどうかを確認するために，もう一度実施して経過を見る。
5　保護者会や個別面談の資料として活用したい場合
　保護者会で教師が自分の教育実践・クラス経営の方針を説明するための資料として，また，学生や保護者と個別面談をする際の資料として活用する。保護者会や個別面談を実施する前に実施しておく。

●実施の流れ

　hyper-QUは20分程度で実施できます。

　実施にあたっては，教師が事前に実施の仕方を確認し，教示の仕方，実施の流れをおさえておくことも大事です。実施前に学生に伝えておくべきことを，教師のセリフとともに，以下に例示します。

1　何をするのか
　「みなさんの現在のクラスへの思いを調査するために，簡単なアンケートを実施します」
2　何のためにするのか
　「みなさんの現在のクラスへの思いを，先生が理解することによって，クラス活動や授業に，みなさんが楽しく充実して取り組めるように，工夫するための資料にしたいと思います」
　「仲のよい，いじめのない楽しいクラスになることを先生は願っています。そのために，みなさんの本音の思いを広く知りたいのです」
3　どんなふうにするのか
　「質問が○項目あります。質問を読み，回答用紙の答えのなかで，いちばん自分の気持ちに近いものの数字を一つ選び，丸を付けてください」
　「いま思っている気持ちを素直に出して，丸を付けてください」

4　どのようなルールがあるのか
「友達と相談せず，一人で考えて答えてください」
5　どのようなことが起こるのか
「集計されたみなさんの結果から，先生はグループ活動のメンバー，席順，授業の進め方やクラス活動の取り組み方について，より適切な方法を考えて取り組んでいきたいと思います」
「これをきっかけに，クラスのことについて先生に話したいことがある人は，気軽に声をかけてください。時間をとりますよ」

　以上のことは，必要ならば事前に図や紙板書などを用意して，それを示しながら説明するのもいいでしょう。
　教示をしたら，実施の留意点について説明をします。

・「実施中にわからないことがあったら，静かに手をあげてください。先生がすぐに説明しにいきます」
・早く終わった場合，その後何をするのかの指示
・提出する方法の指示（できた順に回収袋に提出させる，全員が終わるのを確認してから出席簿順に提出させる　など）

　それから速やかにhyper-QUの質問紙を配り，全員にいきわたったら，合図をして取り組ませます。
　実施中は机間指導はしないで，教壇の前で全体を穏やかに見守ります。手をあげての質問があったり，困ったような様子を示す学生がいたりする場合には，静かにその学生のそばによって対応します。
　回収は最初の指示通りに提出させます。なるべくなら回収袋に提出させるほうが，学生たちにとって抵抗が少なくてよいでしょう。

第1章　hyper-QUとは何か

●注意すること

hyper-QUは，学生の心理的なマイナスの影響をなるべく少なくして実施することが必要です。以下に注意点を5つ示します。

・学生の回答結果の秘密は必ず守る

・調査したら必ず対応する

・日ごろから教師と学生個々との信頼関係を形成しておく

・匿名であっても個人結果を全員の前で公表しない。比較しない

・結果を裏付ける日常観察をしっかり行う。面談を行う

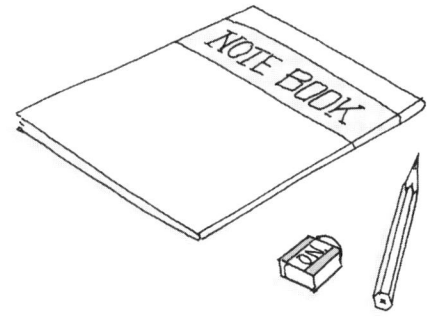

 **hyper-QUの診断資料について**

●コンピュータ診断による結果分析

　hyper-QUを実施した後は，所定の手続きでコンピュータ診断を依頼します。およそ2週間後，次の診断シート一式が返却されます。

①	結果のまとめ
①-B	集団理解シート
②	学校生活意欲プロフィール
③	回答一覧表
④	学生理解・個別支援シート
⑤	個人票（教職員用／学生用）
⑥	前回との比較表（2回目以降の実施の場合のみ）

　診断シートには，「学校満足度尺度」「学校生活意欲尺度」「ソーシャルスキル尺度」「悩みに関するアンケート」の各アンケートの結果が，指導の手がかりとなるように，わかりやすくまとめられています。全国平均と比較して，クラスがいま相対的にどの位置にあるかを知ることもできます。

　そして，各尺度の結果を総合的に分析したうえでの，支援の優先度が高い学生が，ひと目でわかるシートもセットされています。

　また，結果のフィードバックツールとして，学生本人にそのまま返却することを想定した，学生用の個人票もセットされています。

　診断シート一式からは，結果を指導に活用するための資料をたくさん得ることができます。

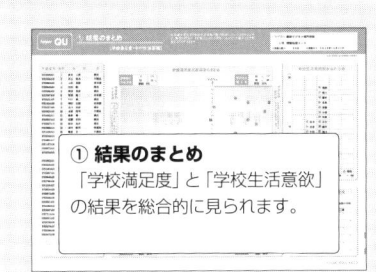

① 結果のまとめ
「学校満足度」と「学校生活意欲」の結果を総合的に見られます。

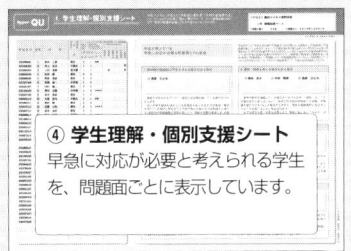

④ 学生理解・個別支援シート
早急に対応が必要と考えられる学生を、問題面ごとに表示しています。

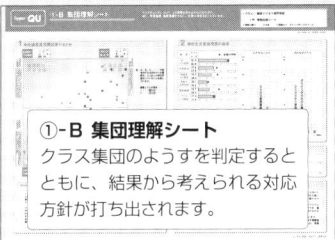

①-B 集団理解シート
クラス集団のようすを判定するとともに、結果から考えられる対応方針が打ち出されます。

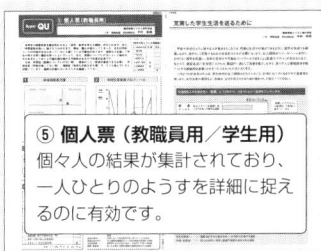

⑤ 個人票（教職員用／学生用）
個々人の結果が集計されており、一人ひとりのようすを詳細に捉えるのに有効です。

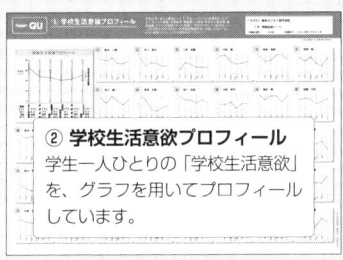

② 学校生活意欲プロフィール
学生一人ひとりの「学校生活意欲」を、グラフを用いてプロフィールしています。

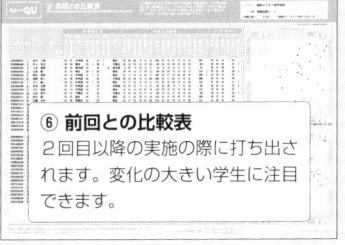

⑥ 前回との比較表
2回目以降の実施の際に打ち出されます。変化の大きい学生に注目できます。

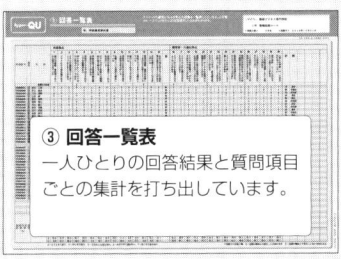

③ 回答一覧表
一人ひとりの回答結果と質問項目ごとの集計を打ち出しています。

hyper-QU帳票一覧

① -B 集団理解シート

1. 学校満足度尺度結果のまとめ

侵害認知・不安定群	7 人	全国 13 %
	18 %	
	前回 8%	

学校生活満足群	15 人	全国 36 %
	38 %	
	前回 33%	

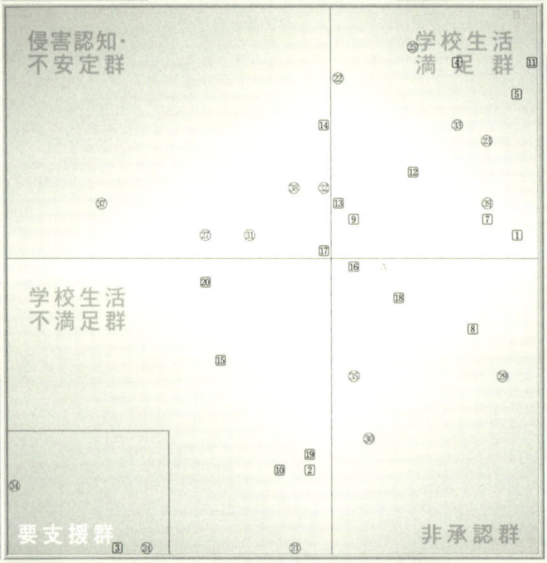

注．A, B, C, ・・・の記号が打ち出されている箇所は、2人以上の学生が重なっていることを表しています。

重複している学生
A・・・⑥と㉖
B・・・②と㉘

学校生活不満足群	9 人	全国 32 %
	23 %	
	前回 33%	

非承認群	8 人	全国 19 %
	21 %	
	前回 26%	

hyper-QU の結果からみた集団のようす

　学校満足度尺度の全国平均値と比較して、クラスの学生たちの承認得点は全体的に高く、学生たちは緊張感も比較的少なく自由に学習や活動をしていると考えられます。しかし、クラスの学生たちの被侵害・不適応得点は差がみられ、クラスのルールや行動規範が、学生たちの間で十分に共有されていない面があると想定されます。クラス内では自分本位な気ままな言動が許容されている雰囲気があり、その結果小さなトラブルが発生しやすく、一部の学生たちは何らかの人間関係のストレスを感じるような環境になっているのではないかと思われます。
　また、学校生活意欲尺度の結果をみると、進路意識得点が低くなっていますが、それに比べて学習意欲得点は全国平均レベルになっています。つまり、学校での学習にはある程度意欲的に取り組んでいるのですが、その学習が自分の将来の目標や進みたい職業に、どのようにつながっていくのかの見通しがもてていないのではないかと推測されます。このような状況の下では、学習活動の取り組みは、受け身の状態になったり、学習が発展していかなくなったりすることが想定されます。そして、徐々に意欲も低下していく懸念もでてきます。また、教職員との関係得点も相対的に低いレベルになっており、自分の進路について気軽に相談したり、学習内容と職業との関連について質問するなどの行動につながりにくく、これも進路意識得点が低いレベルになっている背景にあると思われます。

<学校名> 教研ビジネス専門学校
1年　情報処理コース
<実施人数>　39名　<実施日> 2010年10月01日

13-595-4-0985-0001

2. 学校生活意欲尺度の結果

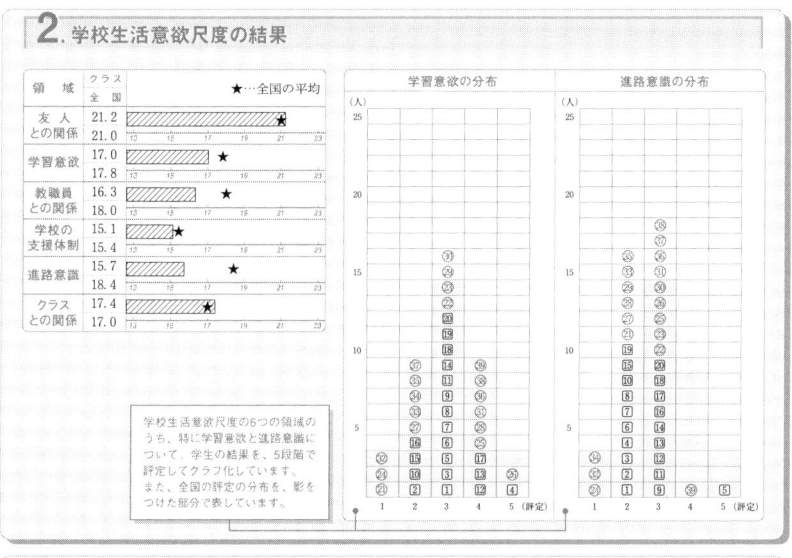

学校生活意欲尺度の6つの領域のうち、特に学習意欲と進路意識について、学生の結果を、5段階で評定してグラフ化しています。また、全国の評定の分布を、影をつけた部分で表しています。

3. ソーシャルスキル尺度の集計 【全国の平均を100としたときのクラスの平均を、棒グラフで表しています。】

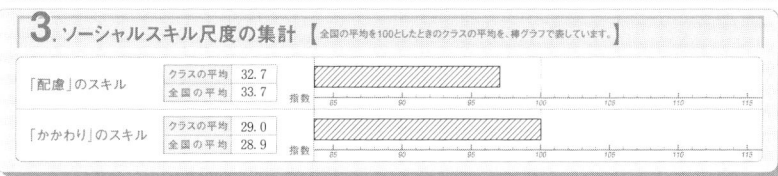

4. 今後の指針

　本クラスは、「ゆるみ」のみられるクラス集団の特徴をもつと考えられます。クラス内に自由な雰囲気があることはいいのですが、クラス内のルールや行動規範の定着に不十分さがみられ、なれあいやゆるみが生じやすく、グループ対立も起こるなど、学生同士のトラブルも発生しやすくなります。このような状態は、学生たちの学校への適応、学習意欲に徐々にマイナスの影響を与えてきます。先生はこれらの対応として、クラス経営の方法を一部修正することが求められます。
　授業では、学習や活動をさせる前に、ルールやマナー、学生たちの役割を全体で確認して、小グループで一つのプロジェクトに取り組むなどの、協同活動の楽しさを体験させる展開を取り入れることも求められます。最初は、短時間ででき、協力しやすい内容から取り組むとよいでしょう。活動後には、取り組んだ成果と、ルールに沿って各役割の責任を果たせたかを、認めることを中心に評価し合います。クラス内にルールを定着させ、習慣化させていくことが必要です。
　一方、学生個人に目を向けてみると、学校に対して不適応感や退学の可能性の高い学生（⑲、㉓、㊲）がいます。普段の観察をしっかり行い、早めに個人面談や個別の声かけをおこなっていく必要がありそうです。また、精神面や情緒面に不安を抱える傾向のある学生（㉞）については、場合によっては外部の相談機関などを利用することも視野に入れ、普段の様子を注意深く見守ったり、話を聞いたりすることが必要です。

© 河村茂雄、教研式　図書文化

19

hyper-QU ② 学校生活意欲プロフィール

学校生活に対する意欲
ます。友人との関係・学
路意識・クラスとの関係
いるかを知ることができ
6つの領域のバランスに

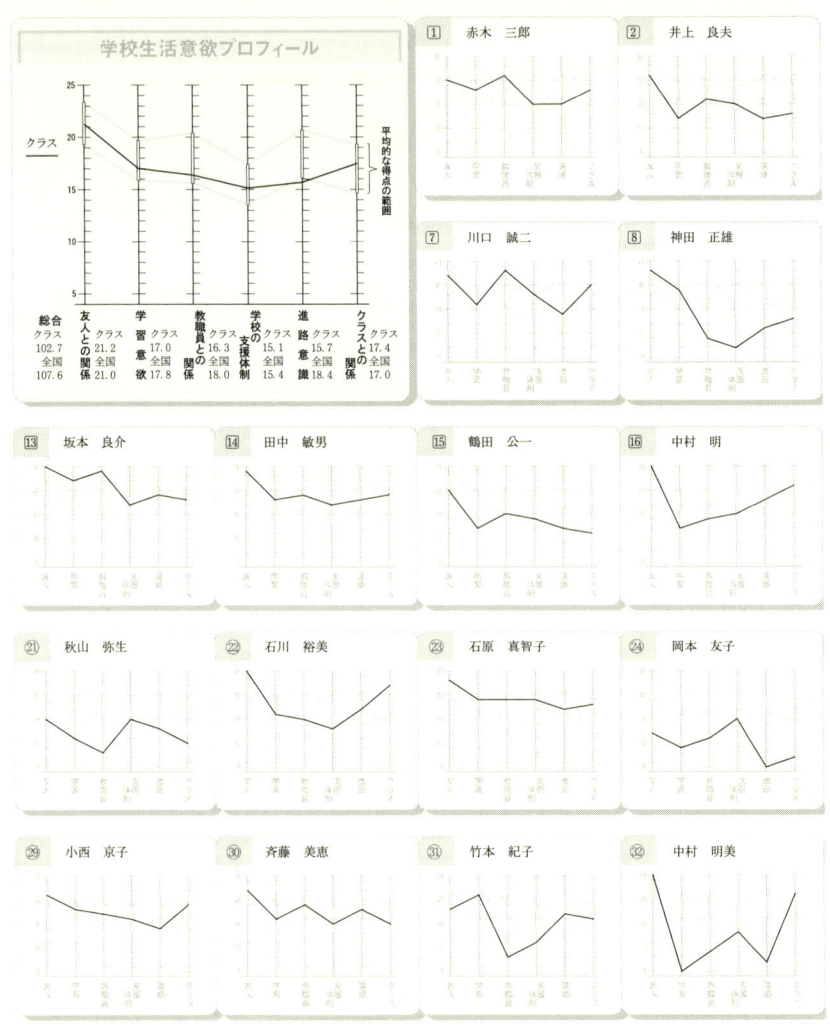

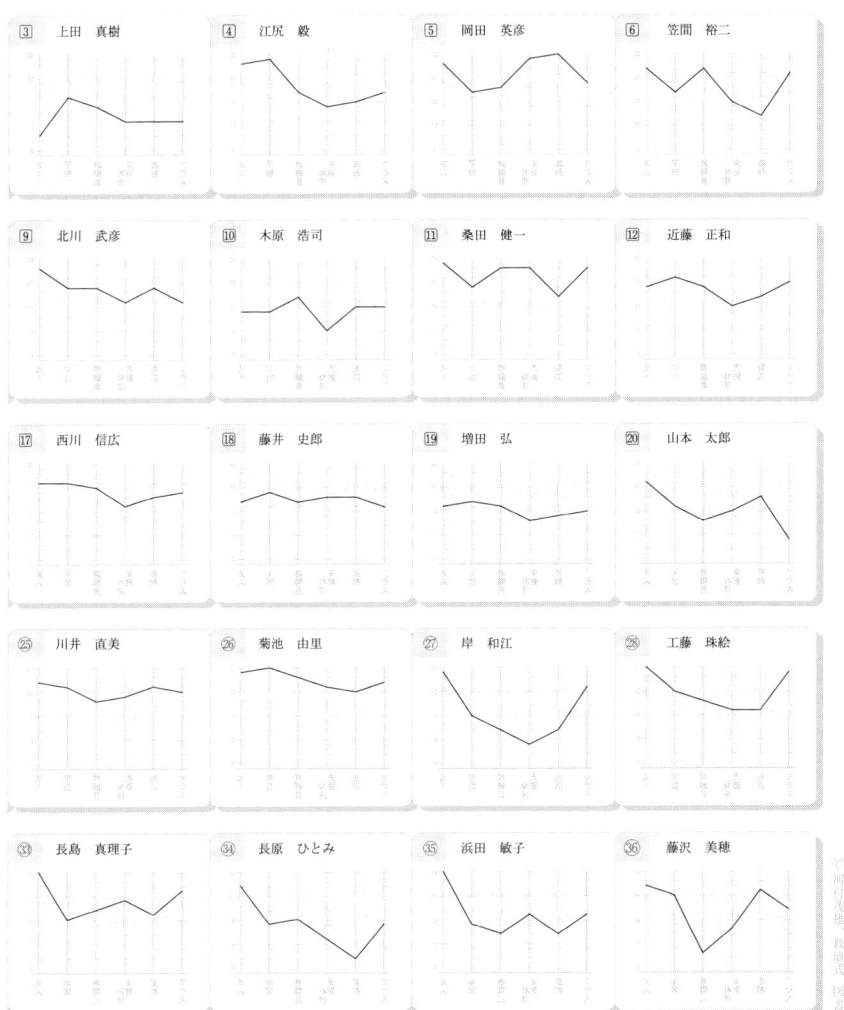

④ 学生理解・個別支援シート

学生一人ひとりが答え
「ソーシャルスキル尺度」
みて、特別な配慮が必要

学籍番号	番号	名　前	学校満足度尺度群	ソーシャルスキル尺度 配慮……「配慮」が優位 かかわり…「かかわり」が優位 定領……バランスがとれている 3段階評定 配慮 かかわり	タイプ判定	学生が抱えている問題面 ☆…個別対応が必要な学生 1 精神面	2 孤立感	3 侵害行為	4 退学・転学	5 学習意欲	6 人間関係
KYK2569A01	①	赤木　三郎	満足	2　1	配慮						
KYK3686A02	②	井上　良夫	不満足	1　1							☆
KYK5963A03	③	上田　真樹	要支援	1　1			☆				☆
KYK6845A04	④	江尻　毅	満足	2　2							
KYK9986A05	⑤	岡田　英彦	満足	2　2							
KYK2367A06	⑥	笠間　裕二	非承認	2　2							
KYK0251A07	⑦	川口　誠二	満足	2　2							
KYK1834A08	⑧	神田　正雄	非承認	1　2	かかわり						
KYK5337A09	⑨	北川　武彦	満足	2　2							
KYK6825A10	⑩	木原　浩司	不満足	2　1	配慮						
KYK4862A11	⑪	桑田　健一	満足	2　2							
KYK0037A12	⑫	近藤　正和	満足	2　3	かかわり						
KYK5027A13	⑬	坂本　良介	満足	2　2							
KYK2268A14	⑭	田中　敏男	侵認知	2　3	かかわり						
KYK1468A15	⑮	鶴田　公一	不満足	2　2							
KYK6048A16	⑯	中村　明	非承認	2　2							
KYK4831A17	⑰	西川　信広	侵認知	2　2							
KYK1157A18	⑱	藤井　史郎	非承認	2　2							
KYK6872A19	⑲	増田　弘	不満足	2　1	配慮						
KYK9358A20	⑳	山本　太郎	不満足	1　2	かかわり						
KYK4862A21	㉑	秋山　弥生	不満足	2　1	配慮						☆
KYK2258A22	㉒	石川　裕美	満足	2　3	かかわり						
KYK1483A23	㉓	石原　真智子	満足	2　2							
KYK5887A24	㉔	岡本　友子	要支援	2　1	配慮	☆			☆	☆	☆
KYK3648A25	㉕	川井　直美	満足	2　3	かかわり						
KYK3780A26	㉖	菊池　由里	満足	1　2	かかわり						
KYK1508A27	㉗	岸　和江	侵認知	2　3	かかわり						☆
KYK8634A28	㉘	工藤　珠絵	満足	2　2							
KYK6972A29	㉙	小西　京子	非承認	1　2	かかわり						
KYK3560A30	㉚	斉藤　美恵	非承認	2　1	配慮						
KYK9621A31	㉛	竹本　紀子	侵認知	2　2							
KYK4360A32	㉜	中村　明美	侵認知	2　2					☆	☆	
KYK5007A33	㉝	長島　真理子	満足	2　2							
KYK7213A34	㉞	長原　ひとみ	要支援	2　1	配慮	☆	☆		☆	☆	
KYK5631A35	㉟	浜田　敏子	非承認	2　1	配慮						☆
KYK0038A36	㊱	藤沢　美穂	非承認	2　2	かかわり						
KYK0279A37	㊲	堀口　智子	侵認知	1　3	かかわり			☆			
KYK5396A38	㊳	馬渕　春奈	侵認知	1　1							
KYK3472A39	㊴	森本　絵里	満足	1　1							

学生が抱えている、
早急に対応が必要

1.精神面や情緒面に不

　㉞長原　ひとみ

気持ちが沈みがちだった
がえます。
強い不安や悩みを抱え
を見たり、定期的に声をか
す。学校内の相談機関の活
の相談機関等を積極的に利

2.孤立感が強い学生

　③上田　真樹

友人関係をうまく形成し
で行動することが多いな
態が、学生に孤立感を与
場合には、それを解消する
の学生をサポートしてく
ことが必要です。

3.侵害行為(いじめ)等

　㊲堀口　智子

周囲の人間関係で、無視
抱えている様子がうかがえ
いないか、日常の様子や友
また、被害者意識の強い学
方、とらえ方について、一緒
める支援が必要な場合もあ

<学校名> 教研ビジネス専門学校
1年 情報処理コース
<実施人数> 39名 <実施日> 2010年10月01日

13-595-4-0985-0001

学生の中には、学校生活の様々な場面で、自分が置かれた環境や人間関係等に不適応感を感じている学生がいます。この不適応感を取り除くためには、学生がどんな面に問題を抱えているのかを把握することが大切です。ここでは、hyper-QUの結果を総合的にみて、特に早急に配慮が必要とされるものとして、「精神面」「孤独感」「侵害行為」「退学・転学」「学習意欲」「人間関係」の6つの問題面を取り上げました。学校側として、どのような対応をしたらよいか、アドバイス等を参考にして、今後の対応を検討してください。

問題面とその対応

不安を抱える傾向のある学生

（略）

……、無気力な状態が続いている様子がうか……
……ている可能性もありますので注意深く様子……
……けて話や悩みを聞くなどの配慮が必要……
……用を促したり、深刻な状態の場合には、外部……
……用することも必要な学生です。

4.退学・転学を考える傾向のある学生

㉔ 岡本　友子　　㉜ 中村　明美　　㉞ 長原　ひとみ

退学や転学を意識している様子がうかがえます。「学科・コースの内容が自分に合っていない」「学校生活や自分の将来に不安感・不満感を抱えている」などの様子がうかがえ、現在の進路選択に対するミスマッチを感じていることが考えられます。
まずは学生の思いや考えを聞くなど、個別に話し合ってみることが必要な学生です。

（孤独感）

㉔ 岡本　友子　　㉞ 長原　ひとみ

……たり維持したりすることができない、一人……
……ど、孤立感を感じている学生です。今の状……
……えていたり、ストレスになっていたり……
……ために、教職員の側から声をかけたり、そ……
……れる仲間づくりを行ったりして、配慮する……

5.学習意欲が低い学生

㉑ 秋山　弥生　　㉔ 岡本　友子　　㉗ 岸　和江
㉜ 中村　明美　　㉞ 長原　ひとみ　　㉟ 浜田　敏子

授業や学習活動に意欲を持って参加できていない傾向がうかがわれます。
「授業についていけない」「積極的に学習に取り組めていない」など学習に関して、なんらかの悩みや不安を抱えているようです。また、それを相談できる人が周囲にいないのかもしれません。学習に対する個別のサポートが必要な学生です。

侵害を受けていると感じている学生

（略）

……される、悪ふざけをされるなどのトラブルを……
……ます。冷やかしや、からかいの対象になって……
……人間関係を少し注意してみるとよいでしょう。
……生である可能性もありますので、本人の考え……
……に検討してみるなどソーシャルスキルを高……
……ります。

6.人間関係やソーシャルスキルに課題のある学生

② 井上　良夫　　③ 上田　真樹　　㉔ 岡本　友子

学校生活における人間関係で、何か悩みを抱えている様子がうかがえます。上手にコミュニケーションがとれていない可能性もあります。
友人関係が上手くいかないことが、学校生活を続ける上で障害になる場合もありますので、慎重に対応することが望まれます。ソーシャルスキルの結果等も参考にしてください。

Ⓒ 河村茂雄、教研式 図書文化

23

⑤ 個人票（教職員用）

教研情報ビジネス専門学校
1年　情報処理　KYK4360A32　中村　明美

13-595-4-00001-0001

本学生の回答状況を総合的にみると「退学・転学を考える傾向」がみられます。また、「学習意欲が低い」様子もうかがえます。興味・関心が変わってしまった、または学科・コースの内容が自分に合っていないと感じている可能性があります。面談などを通して学生の考えを聞く機会を持つとよいでしょう。また、授業についていけないという場合は、そのままにしておくと不適応感を強める可能性があるので注意が必要です。

なお、学習面（授業についていけない等）、将来のこと（希望が達成できるか等）、学校生活（学校が楽しくない等）、情緒面（気持ちが沈みがち等）で、とても悩んでいると回答しています。深刻な状態にないかどうかを確認して下さい。

【学生が抱えている問題点】

一個別対応が必要	今回	前回
1 精神面		
2 孤立感		
3 侵害行為		
4 退学・転学	☆	
5 学習意欲	☆	
6 人間関係		☆

1　学校満足度尺度

侵害認知・不安定群(☆) に属しています。
前回は学校生活満足群(※) でした。

2　学校生活意欲プロフィール

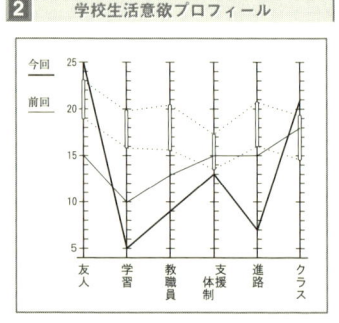

3　ソーシャルスキル

「配慮」と「かかわり」の結果は、3段階で表示しています。

4　悩み

内容	学生の回答	
	今回	前回
1 学習（授業についていけない等）	★★	★
2 友人関係（友達ができない等）		
3 将来（希望が達成できるか等）	★★	★
4 学校生活（学校が楽しくない等）	★★	★
5 家庭（家庭内のトラブル等）		
6 健康（病気や体の変調等）		
7 情緒（気持ちが沈みがち等）	★★	
8 容姿（スタイルや顔等）		
9 性格（消極的、優柔不断等）		
10 異性や性（異性のつきあい等）		★★
11 金銭（買い物の代金の支払い等）		
12 精神（幻覚や他人支配感等）		
13 生きること（生きる意味等）		★

★★…とても悩んでいる　★…悩んでいる

学生には以下の結果が返却されます。

社会的なスキルを大きく「配慮」と「かかわり」の2つにわけて結果を示しています。

		身についている
配慮のスキル	他の人のことを理解し思いやりを持って接する姿勢	
かかわりのスキル	他の人と積極的にかかわろうとする姿勢	

社会的スキルをさらに細かく、領域ごとに分けたものが次の結果です。
あなたの強みや課題を、自分の日常の行動とあわせて確認してみましょう。

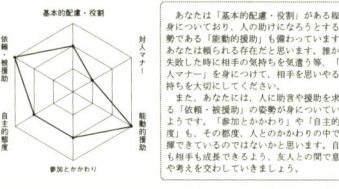

あなたは「基本的配慮・役割」がある程度身についており、人の助けになろうとする姿勢である「能動的援助」も備わっています。あなたは頼られる存在だと思います。誰かが失敗した時に相手の気持ちも気遣う等、「対人マナー」を身につけて、相手を思いやる気持ちを大切にしてください。

また、自分にも人に助言や援助を求めるようです。「参加とかかわり」や「自主的態度」も、その都度、人とのかかわりの中で発揮できているのではないかと思います。自分も相手も成長できるよう、友人との間で意見や考えを交わしていきましょう。

基本的配慮・役割‥‥‥会話の際の基本的なマナー・あたえられた役割を責任をもってやり遂げる姿勢
対人マナー‥‥‥他者との約束を守ろうとする姿勢・他者に対する許容的な態度
能動的援助‥‥‥他者に対して自ら援助を差し伸べようとする姿勢
参加とかかわり‥‥‥対人関係を積極的につくりあげ集団に参加しようとする姿勢
自主的態度‥‥‥積極的に自分の意見を述べ、自主的に行動しようとする姿勢
依頼・被援助‥‥‥困ったときに、他者に援助や助言を求められる姿勢

Ⓒ河村茂雄、教研式 図書文化

→学生用

充実した学生生活を送るために

教研情報ビジネス専門学校
1年　情報処理　KYK4360A32　中村　明美

　学校や会社のように様々な人が集まるところでは、円滑に生活や仕事ができるように、相手の気持ちを尊重しながら、自分らしく活動するための社会的スキルが必要になります。対人関係のマナーやルールを守り、さりげなく相手を気遣い、自分の気持ちや行動をコントロールできること（配慮のスキル）が求められます。あわせて、集団生活に主体的にかかわり、集団の一員として役割を果たしながら、周りの人と信頼関係を築こうとする積極的な姿勢（かかわりのスキル）も大切になります。
　このような社会的スキルは、学生時代の友人関係はもちろんのこと、社会に出てからもますます重要性を増します。自分自身の現状をよく見極め、自分を向上させるための指針として役立ててください。

社会的なスキルを大きく「配慮」と「かかわり」の2つにわけて結果を示しています。

		身についている
配慮のスキル	他の人のことを理解し思いやりを持って接する姿勢	▨▨▨▨
かかわりのスキル	他の人と積極的にかかわろうとする姿勢	▨▨▨

「配慮」と「かかわり」の結果は、3段階で表示しています。

社会的スキルをさらに細かく、領域ごとに分けたものが次の結果です。
あなたの強みや課題を、自分の日常の行動とあわせて確認してみましょう。

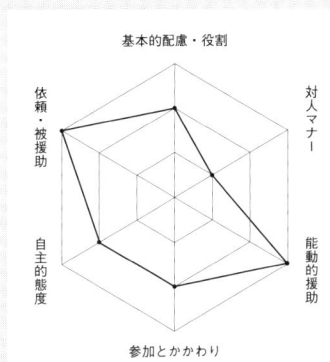

　あなたは「基本的配慮・役割」がある程度身についており、人の助けになろうとする姿勢である「能動的援助」も備わっています。あなたは頼られる存在だと思います。誰かが失敗した時に相手の気持ちを気遣う等、「対人マナー」を身につけて、相手を思いやる気持ちを大切にしてください。
　また、あなたには、人に助言や援助を求める「依頼・被援助」の姿勢がついているようです。「参加とかかわり」や「自主的態度」も、その都度、人とのかかわりの中で発揮できているのではないかと思います。自分も相手も成長できるよう、友人との間で意見や考えを交わしていきましょう。

基本的配慮・役割 …会話の際の基本的なマナー・あたえられた役割を責任をもってやり遂げる姿勢
対人マナー ………他者との約束を守ろうとする姿勢・他者に対する許容的な態度
能動的援助 ………他者に対して自ら援助を差し伸べようとする姿勢
参加とかかわり …対人関係を積極的につくりあげ集団に参加する姿勢
自主的態度 ………積極的に自分の意見を述べ、自主的に行動する姿勢
依頼・被援助 ……困ったときに、他者に援助や助言を求められる姿勢

25

充実した学生生活を送るためのアンケート

hyper - Questionnaire Utilities

専門学校用

著者：早稲田大学 河村茂雄
実施：約20分

教職員の学生理解を助けるツール！

hyper-QUは，学生個人の学校生活への満足度と意欲度・社会的スキルの定着度と，クラス集団の状態を測る質問紙検査です。

❶学生たちのニーズがひと目でわかる　▶より効果的な学生対応が可能に！

「精神面」「孤立感」「侵害行為（いじめなど）」「退学・転学」「学習意欲」「人間関係」について，対応の優先度が高い学生が，ひと目でわかります。

❷20分あれば簡単に実施できる　▶通常のカリキュラムの範囲内で無理なく実施できる！

一回の実施にかかる時間は20分程度。検査結果はコンピュータ分析され，診断シートに解説とともに印字され返却されますので，実施と解釈に際して，心理学の専門知識を必要としません。

❸結果に基づく実践が全国で増加中　▶退学予防に！社会的スキルの育成に！クラス経営に！

全国の教育現場で検査の実施，結果を生かした教育実践が広がっています。さらに，いじめ防止，不登校予防，学力向上に対する実践研究も続々と集積されています。

> 退学やいじめ等の学生の不適応・問題行動の予防には，学生が不適応感をもった早期の時点での対応が有効です。hyper-QUは，目に見えない学生の不適応感の種類とレベルを，**早期に，正確に，**把握することができます。

※**hyper-QU**は，学校直販商品です（書店購入不可）。
　購入のご相談は，**図書文化社営業部**へ　tel.03-3943-2511　fax.03-3943-2519

(hyper-QUを理解し，活用する一冊)

専門学校の先生のためのhyper-QUガイド
退学予防とキャリアサポートに活かす"学生生活アンケート"

河村茂雄 編著　　　　　Ａ５判／112頁●**本体2,000円**＋税

・不適応感の早期発見へ！　hyper-QU結果解釈のポイント
・結果から気になる学生への対応の基本手順
・退学した学生のデータから見えてくること／退学予防の実践例
・クラス集団の状態に応じる授業の工夫

※検査用紙はセットされていません

図書文化

第2章

結果の見方と解釈のポイント

複数のアンケート結果を組み合わせて見ることで，学生一人一人について，さらにクラス集団について，教育実践に役立つ詳細な情報を把握することができます

1 「学校満足度尺度」の結果の見方

● 「学校満足度」とは何か

学校満足度とは，その学生のクラス集団に対する居心地のレベルです。

クラスが居心地のよい場所になれば，その学生の，クラス集団への適応感は高まり，諸々の活動に主体的に取り組む意欲につながります。

集団への居心地を左右するものとして，2つのファクターがあります。一つは，「自分にとっていやなことがない」と感じていることです（被侵害感・不適応感がない）。もう一つは，「自分が集団に受けいれられている」と感じていることです（承認感がある）。

学校満足度尺度では，次の2要因の得点から，一人一人のクラス集団への適応状態をアセスメントします。

> **承認尺度**
> 学生が，「自分なりに充実感がある」「自分の存在や行動が，級友や教師から承認されている」と感じているか否かを表す
>
> **被侵害・不適応尺度**
> 学生が，不適応感をもっているか否か，「いじめ・冷やかしなどを受けている」と感じているか否かを表す

第2章　結果の見方と解釈のポイント

●学生個人のクラスへの適応傾向を把握する

2つの尺度の得点を組み合わせて，座標軸上のどこに位置しているかで学生一人一人のクラスへの適応の傾向をとらえることができます。

承認尺度（高）

〈侵害認知・不安定群〉
ここにプロットされた学生は，自主的に活動している反面，自己中心的な面があり，ほかの学生たちとトラブルを起こしている可能性が高くあります。被害者意識の強い学生たちも含まれます

〈学校生活満足群〉
ここにプロットされた学生は，不適応感やトラブルが少なく，クラスでの生活や活動に満足して意欲的に生活していると考えられます

被侵害・不適応尺度（高）　　　　　　　　　　　　　　　　　　　　　　　（低）

〈学校生活不満足群〉
ここにプロットされた学生は，級友からいじめや悪ふざけを受けている可能性があります。不適応になっていることも考えられます。クラスの中で自分の居場所を見いだせず，退学になる可能性も高いといえます

〈要支援群〉不満足群のなかでも退学になる可能性がとても高く，早急に個別対応が必要な学生たちです

〈非承認群〉
ここにプロットされた学生は，不適応感やいじめ被害の可能性は低いものの，クラスのなかで認められることが少なく，自主的に活動することが少ない，意欲の低い学生たちだと考えられます

（低）

2 「学校生活意欲尺度」の結果の見方

●やる気の領域を知る「学校生活意欲尺度」

学校生活意欲尺度は，学生一人一人の学校生活に対する意欲の高さを調査するアンケートです。

結果は，次の6領域について，それぞれ数値で示されます。

友人との関係
クラスの友達と関係を築くことに積極的であるかどうかを表す。数値が低いと，すでに友達関係にトラブルを抱えている可能性もある

学習意欲
授業を受けること，学力を高めることや学習を通して自分を発揮することに意欲が高いかどうかを表す

教職員との関係
教職員と関係を築くことに意欲的かどうかを表す。数値が低い場合は，教職員への信頼が低下していることも考えられる

学校の支援体制
学校が用意している学生サポートのシステムやプログラムを積極的に活用したいと考えているかどうかを表す

進路意識
将来の生き方や就きたい職業について，ある程度の展望をもって考えることに意欲的であるかどうかを表す

クラスとの関係
クラス集団の一員として活動すること，クラスのなかでみんなと一緒に活動することに意欲的であるかどうかを表す

第2章 結果の見方と解釈のポイント

●学生個人の各領域の意欲の高低とバランス

　返却される帳票では折れ線グラフで表され，配慮や意図的なかかわりが必要となる領域が，一目でわかります。

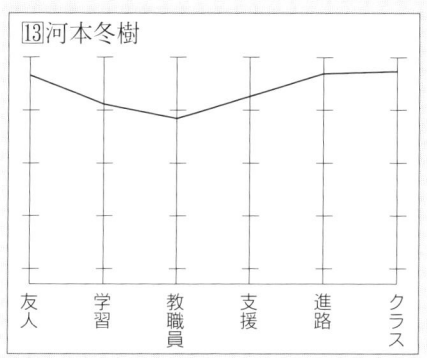

高意欲タイプ
集団のリーダーシップをとることを期待できる

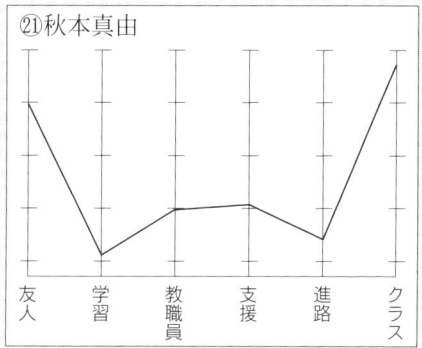

中意欲タイプ（アンバランス型）
意欲が低く判定されている面を支援する

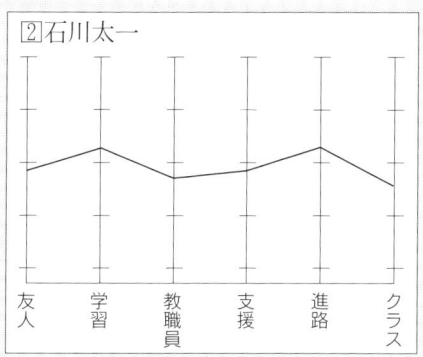

中意欲タイプ（均等型）
集団のなかで埋もれないように自信をつけさせる

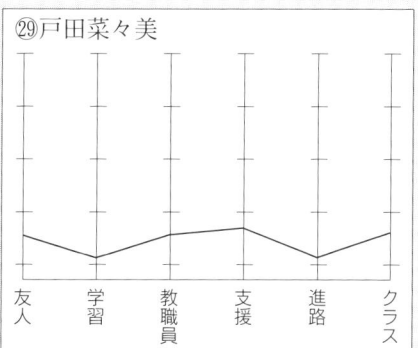

低意欲タイプ
不適応感が高まっており，対応に細やかな配慮を要する

学校生活意欲尺度の結果

3 2尺度の結果を相関する見方

●必要な個別対応の中身がわかる

　学校満足度尺度と学校生活意欲尺度の結果は，組み合わせて見ることで，必要な個別対応の中身が，より具体的に見えてきます。このように複数の尺度の結果を組み合わせて使うことを，テストバッテリーといいます。

　例えば，学校生活満足度尺度の結果が「学校生活不満足群」と判定された学生について，学校生活意欲尺度で低い得点の領域を中心に，学校生活の様子を細かく観察するようにします。すると，真面目で成績もよかったのに，じつはクラスの雰囲気になじめていなかったというようなことがわかり，対策が立てられるので，不登校，退学予防になります。

　また，学校満足度尺度の結果が「侵害認知・不安定群」または「学校生活不満足群」と判定され，かつ，学校生活意欲尺度の友人関係得点も低い学生については，友人関係について細かい観察を行います。すると，いつも仲よしグループで行動して学校生活が充実していると思っていたのに，「仲間はずれにされたくない」と内心いつも不安に感じながら同調的に行動していた実態などが見えてきて，いじめの未然防止に役立ちます。

　hyper-QUと日常観察によって，ある程度の様子が明らかになってきたところで，「最近ちょっと元気がないように感じるんだけど，先生と少し話さないか？」などと，本人と個別に話す機会をもちます。

●集団対応の中身もわかる

　2尺度の結果を相関的に見ることで，授業などの一斉対応の場面での指針を得ることができます。

　例えば，学校満足度尺度の「承認得点」に学生間で差が見られる場合，

第2章　結果の見方と解釈のポイント

何が原因で「承認得点」に差が見られるのかを知るために，学校生活意欲尺度の各領域の得点をチェックします。そこでもし，クラスの「学習意欲」が極端に低い場合は，クラスの中で，学習面で認められている学生が固定されていることが考えられます。そこで，一人一人が活躍できるように授業の構成や展開の工夫をすることが，クラスの「承認感」を高めるための対策になります。

4 「集団状態」を把握するための結果の見方

●集団状態とは何か

　クラス集団は最低一年間メンバーが固定され，一日6〜7時間学習や生活を共にする閉鎖集団なので，一定期間を過ぎると，その集団に特有の雰囲気ができあがっていきます。

　クラス経営では，集団のいまの雰囲気をとらえ，現状に応じるように方針を立てて対応していくことが，教育実践の効果を高めます。

　とくに授業においては，教え方や，教師のリーダーシップの発揮の仕方は，集団状態に応じる展開にできるかどうかが，授業の成否のカギとなります。

●hyper-QUで集団状態はどのように見るのか

　学校満足度尺度の結果を見るとき，個人の分布を俯瞰的に見ることでメンバー間の相対的位置を捉え，集団の雰囲気を把握します（右図）。

　4月は，知らないメンバー同士が集まっている状態で，点の集まり方はばらばらで流動的です。これが，一か月くらい経ったころには，クラス内の関係性ができてきて，一つ一つの点（個人）の位置も固定されるようになり，点（個人）の集まり方には，特定の傾向が見られるようになります。

　この点（個人）が学校生活満足群に集中しているクラスは，意欲的でクラス生活に満足している学生だけが教室に集まっているクラスです。「みんなで国家試験に受かろう！」という雰囲気がクラスを満たし，お互いに切磋琢磨して，励まし合いや助け合いも自然にできるクラスです。

第2章 結果の見方と解釈のポイント

分布密度の高い部分を囲むと，このクラスは，「『承認尺度』について学生間で開きが大きい」ことがわかる

承認尺度（高）

侵害認知不安定

学校生活満足群

被侵害・不適応尺度
（高） (低)

学校生活不満足群

要支援群

非承認群

（低）

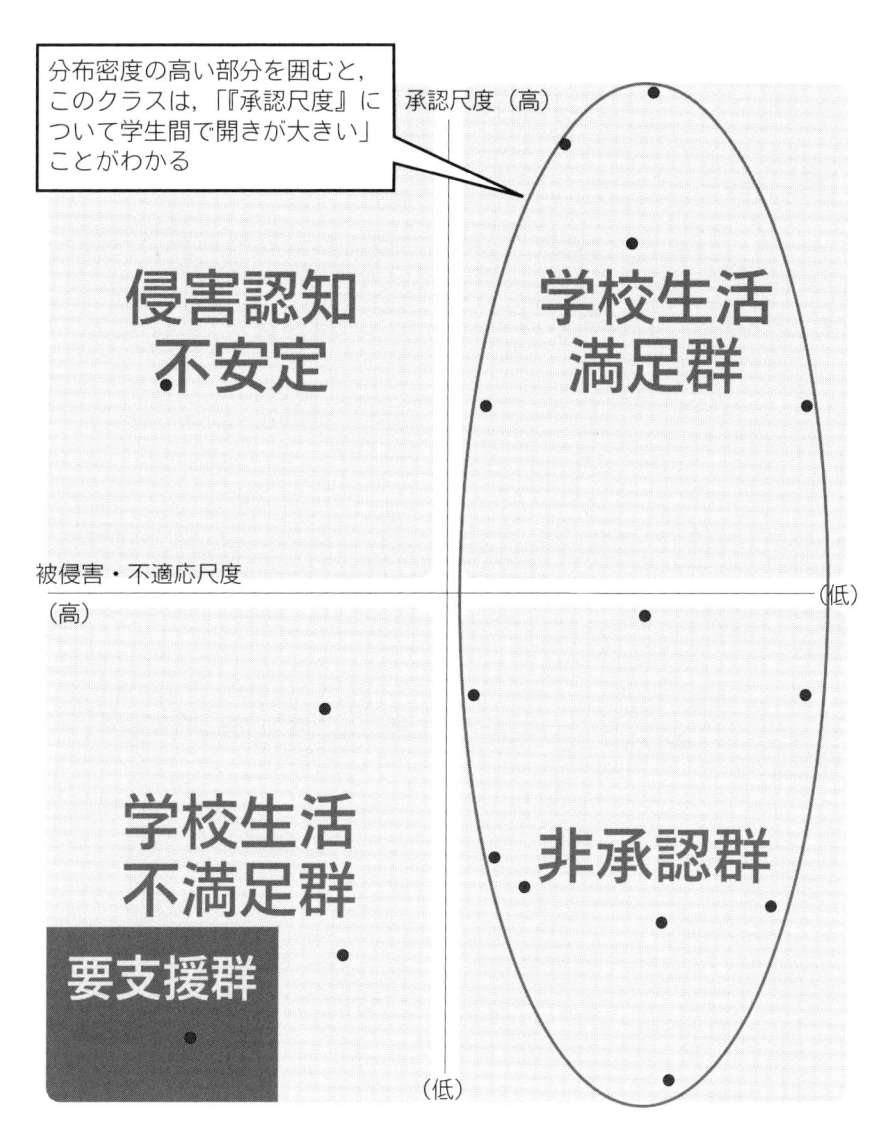

hyper-QUで集団状態をアセスメントする

35

● 集団状態の代表的な傾向をおさえる

　クラス集団の状態は,「ルール」と「リレーション」の確立状況から, 6タイプに分類することができます。

　ルールとは, クラスの学生同士で共に活動する際に不可欠な, 共通の行動規範・行動様式のことで, クラスの全員に理解され, 定着していることが必要です。それがないと, 行動の仕方がわからずにトラブルが続出し, 傷つきたくないので, 他者とかかわらなくなってしまいます。

　リレーションとは, 互いに構えのない, ふれあいのある本音の感情交流がある状態です。クラス内の対人関係のなかにリレーションが育つと, 授業や行事などが協力的に活発になされるようになります。クラス生活が楽しいものになり, この状態を守りたいと思うようになります。

　集団状態の6タイプについては,「学校満足度尺度」の点（個人）の集まり方から, 把握します。

学校生活満足群に集まっている分布

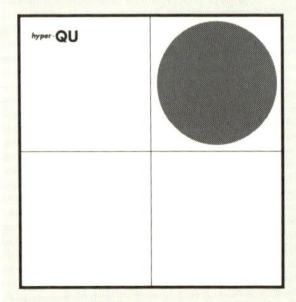

親和的な まとまりのある集団

【ルール（高） ×リレーション（高）】

クラス内にルールが内在化しており, その中で, 学生たちは主体的に生き生きと活動している。親和的な人間関係があり, 学生同士のかかわり合いや発言が積極的である。学生たち主体の活動を多く入れ, 教師は委任的なリーダーシップを取ることを心がける。

第2章 結果の見方と解釈のポイント

承認尺度の個人差が大きい縦長の分布

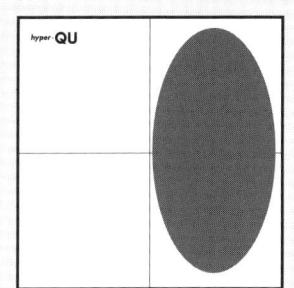

かたさの見られる集団

【ルール（高）
×リレーション（やや低）】

一見，静かで落ち着いたクラスに見えるが，意欲の個人差が大きく，人間関係が希薄である。学生たちの承認感にばらつきがある。活動には，学生同士でお互いを認め合う場面を多く取り入れる。また，承認得点が低い学生には，ほめてがんばりを促す言葉がけを基本とする。

被侵害・不適応尺度の個人差が大きい横長の分布

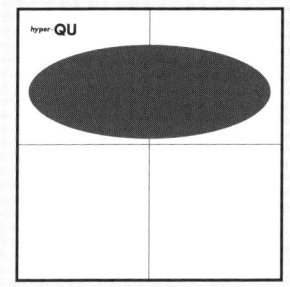

ゆるみの見られる集団

【ルール（やや低）
×リレーション（高）】

一見，自由にのびのびとした雰囲気に見えるが，クラスのルールが低下しており，授業中の私語や学生同士の小さな衝突が見られ始める。学生たちには，「ルールを守って充実した活動ができた」という意識がもてる体験を，繰り返し積ませるようにする。

個人差が大きく，斜めに長い分布

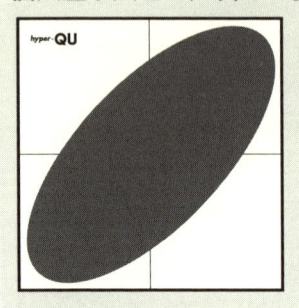

荒れ始めの集団

【ルール（やや低）

×リレーション（やや低）】

かたさやゆるみの見られる集団状態から崩れ，それぞれマイナス面が大きくなっている。学生たちのフラストレーションが表面化して，問題行動が頻発化し始めている。教師のリーダーシップは徐々に功を奏さなくなり，学生同士で傷つけ合う行動が目立ち始める。

学校生活不満足群に集まっている分布

崩壊した集団

【ルール（喪失）

×リレーション（喪失）】

授業では，私語と逸脱行為が横行し，教師の指示に露骨に反抗する学生も見られ，教育環境として成立していない。学生たちは，クラスに所属していることに肯定的になれず，自分の不安を軽減するために，小集団を形成して同調的に結束したり，他の学生を攻撃したりする。

第2章 結果の見方と解釈のポイント

ばらばらな分布

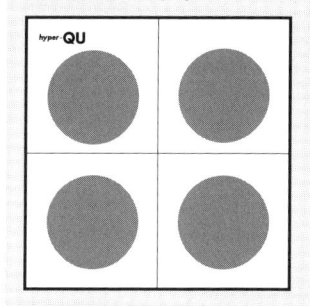

ばらばらな集団

【ルール（低）
×リレーション（低）】

教師から，ルールを確立するための一貫した指導がなされていない。学生たちの小グループの中で，それぞれに行動様式が定着している。クラスへの帰属意識が低く，教師の指示は徐々に通りにくくなる。時間の経過とともに，荒れ始め型のクラスに至る可能性が高い。

コラム ソーシャルスキル

● 「ソーシャルスキル（Social Skills）」とは何か

　ソーシャルスキル（社会的スキル）とは，社会や集団・組織に参加して一緒に生活したり作業したりするための知識と技術の総称です。学生生活でソーシャルスキルを発揮している学生は，「自分から友人を昼食に誘う」「落ち込んでいる友人に共感的に接する」などのことが自然にできており，友人たちと協調的にお互いを高めながら毎日を過ごしています。ソーシャルスキルは，充実した学生生活を送るために，将来の社会や組織で自己のキャリアを形成していくために，すべての学生にとって必要なものです。

　ソーシャルスキルは，学習によって獲得されると考えられています。対人関係がうまくいかないのは，本人の性格の問題ではなく，幼少期の体験学習の場が失われた結果，ソーシャルスキルが未熟なままだからです。

　総じて，現代の子どもたちは，スキルを練習するチャンスに恵まれているとは言えず，ソーシャルスキルの学習が不足していると言えるでしょう。

● ソーシャルスキルトレーニング（SST）の基本的な流れ

　ソーシャルスキルを育てるには，目標とするスキル（ターゲットスキル）に対しての練習プログラムを作成して，計画的に指導していきます。

　一般的に，人とかかわる姿勢や意欲は，教え込み一発で身につくものではありません。ソーシャルスキルの成熟は，行動の意味を自分なりに理解し，まずは自分でやってみて納得を深めながら，さらに行動を繰り返す，という行程を通して，徐々になされていきます。そこで，SSTは，次の大枠を踏まえて展開することが原則になっています。

■ ①〔教示〕スキルの必要性を知ること　→　②〔モデリング〕スキルの見本 ■

を見ること → ③〔リハーサル〕自分でやってみること → ④〔フィードバック〕行動を評価すること→ ⑤〔般化〕行動を定着していくこと

　以上はSSTの基本的な流れですが，まとまった時間をとって①～⑤をスキルごとに実施するのはむずかしいのが，学校の実情だと思います。

　実際にクラスで行う場合は，ある期間に特定のソーシャルスキルを集中的に意識させておいて，その後は学校生活の場面でこまめに喚起していく，という流れが多いと思います。

● hyper-QUのソーシャルスキル尺度

　hyper-QUには，「日常の行動を振り返るアンケート」というソーシャルスキル尺度がセットされています。この尺度では，学生一人一人のスキルの現在値を測定し，これから育てたいスキルは何かを知ることができます。

　hyper-QUのソーシャルスキル尺度を開発するにあたって，「親和的なまとまりのある集団」で学生たちが共通して活用しているソーシャルスキルを抽出しました。そして，これらのソーシャルスキルを「学級生活で必要とされるソーシャルスキル：Classroom Social Skills（CSS）」としました。

　CSSを効果的に発揮している学生たちは，友人との交流が活発で，クラス生活の満足度も高くなると考えられます。また，学生たちがCSSを積極的に発揮していると，クラスが親和的で建設的な状態にまとまると考えられます。そして，このような環境のなかで確実に身につけたCSSは，学生たちが社会で生きていく力の基礎になると考えられます。

●「配慮のスキル」と「かかわりのスキル」

　CSSには，「配慮のスキル」と「かかわりのスキル」の二つの領域があります。各スキルの特徴を知り，より効果的な指導につなげましょう。

- 〔配慮のスキル〕　他者への思いやりを表すスキルです。セルフコントロールや自省，対人関係における最低限のマナーやルールが含まれます
- 〔かかわりのスキル〕　他者へ能動的に働きかけるスキルです。対人関係の積極的な維持，集団活動に携わる姿勢，感情交流の形成などが含まれます

　2種類のスキルは，バランスよく発揮することが大事です。「配慮のスキル」に偏ると対人関係がぎこちなく（A），「かかわりのスキル」に偏ると対人関係が荒れやすく（B）なります。

A　かかわりが不足するとものたりない人，めだたない人という印象を与えやすい

B　配慮が不足するとわがままな人，自分勝手な人という印象を与えやすい

　一般的な傾向として，「かたさの見られる集団」では「かかわりのスキル」の発揮が，「ゆるみの見られる集団」では「配慮のスキル」の発揮が，それぞれむずかしくなっている雰囲気が見受けられます。

●ソーシャルスキル指導のコツ
　クラスでソーシャルスキルを指導する場合，一人一人の学生に対して，他者とかかわるにはどうすればよいか，クラスの一員として生活するとはどのようなことかを認識させ，そのための意欲喚起と必要なスキルの意味を説明するところから始めます。例えば，入学オリエンテーション

や，ある日のホームルームや授業を使って，スキルの体験学習をしておいて，その後は，ホームルームや授業などで行動をほめるなどして強化していく，という形が考えられます。こうすることで，学校生活全体がソーシャルスキルの体験学習の場と化して，ソーシャルスキルは日常生活に自然と定着していきます。

クラス全体で行う場合には，次のようなメリットもあります。クラス全体で同じソーシャルスキルを学んでいると，学生たちに他人の行動を評価する基準が共有されるので，対人関係のトラブルが少なくなっていきます。また，一人一人の努力する方向が定まると，「こんなことをしたら変かな」という不安は低下して，ソーシャルスキルをうまく発揮できない学生に対して周りの学生たちは「ああ，この人なりに努力しているのだな」と感じることができ，クラスの学生たち全体の受容感が高まっていきます。それがクラス内の親和的な雰囲気を形成する土台にもなるのです。

●**スキルの発揮が苦手な学生に対して**

ソーシャルスキルを発揮するうえで大事なのは，「あなたの存在を認めていますよ」というメッセージを相手にきちんと送ることです。

例えば，あいさつをしてきた相手に対して無反応でやりすごすことは，当人にとっては「あいさつをしなかった」だけで「友達だからわかってくれるだろう」とも考えますが，相手にとっては「あいさつをされなかった」では収まらず「無視された」と感情的に受け取られることもあります。

ソーシャルスキルを発揮することが苦手な学生に対しては，本人の苦手さを踏まえたうえで，ソーシャルスキルを発揮する意味を個別に再確認して，みんなと同じ行動がむずかしいのなら，「何ができる？」「会釈とか軽く手をあげることならできるかな？」などと一緒に考えて，トレーニングをさせていくことも必要でしょう。

第3章

退学予防に結果を活かす

hyper-QUの結果から，個別支援のニーズが高まっている学生に対しては，個別に面談を重ねながら，学生が抱えている問題を一緒に把握・理解していきます

1 退学した学生のデータから見えてくること

●退学のシグナルを読み取る

　hyper-QUの活用で大切なのは，結果から様々な兆候を読み取る視点です。退学行動をとる学生には，結果にも一定の傾向が見られるものです。ですから退学予防にhyper-QUを活かそうとする場合，退学した学生の傾向を念頭において結果を見ていけば，早期での対応，予防介入が可能になります。

　ここでは，hyper-QUの研究・開発をサポートしている(財)応用教育研究所のデータから，実際に退学した学生の傾向を見ていきたいと思います。

●学校満足度尺度　～退学した学生のデータから見えてくること①

　退学してしまったある学生たちは，どの群に属していたのでしょうか。
　図1を見てください。クラス集団の居心地のレベルを測る「学校満足度

承認得点

| 侵害認知・不安定群 6% | 学校生活満足群 11% |
| 学校生活不満足群 60%（退学した学生の60%は，「学校生活不満足群」に出現した） | 非承認群 23% |

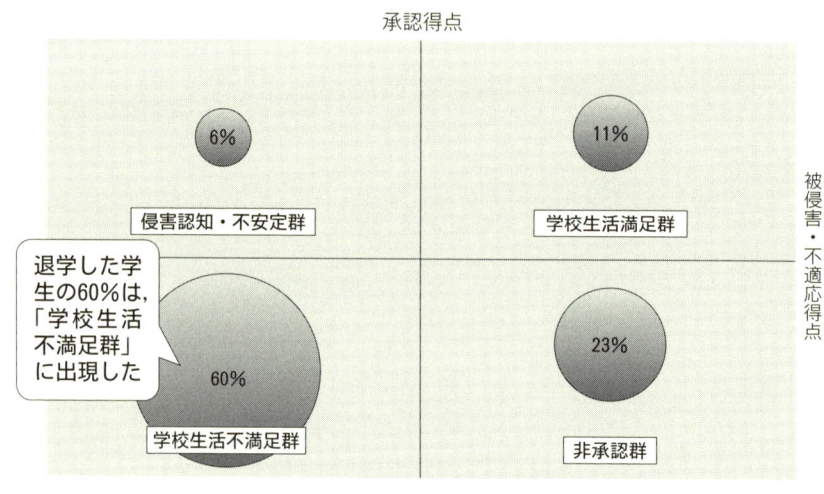

被侵害・不適応得点

図1　退学者の満足度尺度での出現

第3章 退学予防に結果を活かす

尺度」の結果を見ると，退学した学生の60％は学校生活不満足群に属していました。次いで，非承認群に約20％という結果でした。もちろん満足群にいた学生もいますが，やはり，退学した学生の多くは学校生活不満足群の学生ということになります。

以下の図2，3は「学校満足度尺度」の結果を尺度ごとにまとめたものです。これを見ると，退学した学生は，自分なりの充実感や存在感の指標である「承認感」が低く，かつ，クラスの中で「トラブルを抱えていると感じている」「不適応感や不安感を感じている」かどうかの指標である「被侵害感・不適応感」も一般の学生よりも高い傾向が見受けられます。

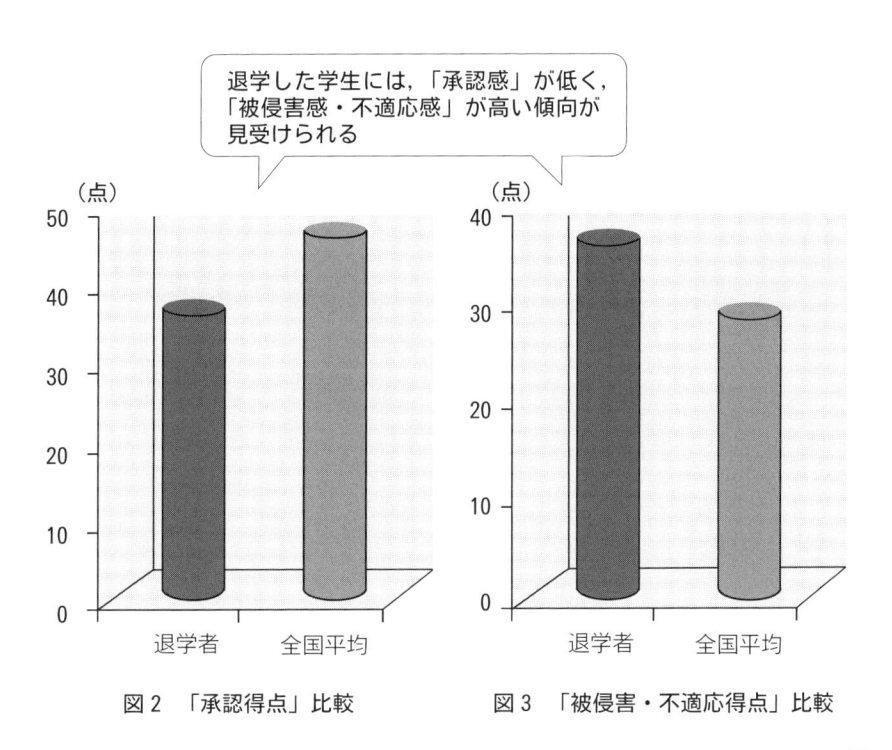

> 退学した学生には，「承認感」が低く，「被侵害感・不適応感」が高い傾向が見受けられる

図2 「承認得点」比較　　図3 「被侵害・不適応得点」比較

●学校生活意欲尺度　～退学した学生のデータから見えてくること②

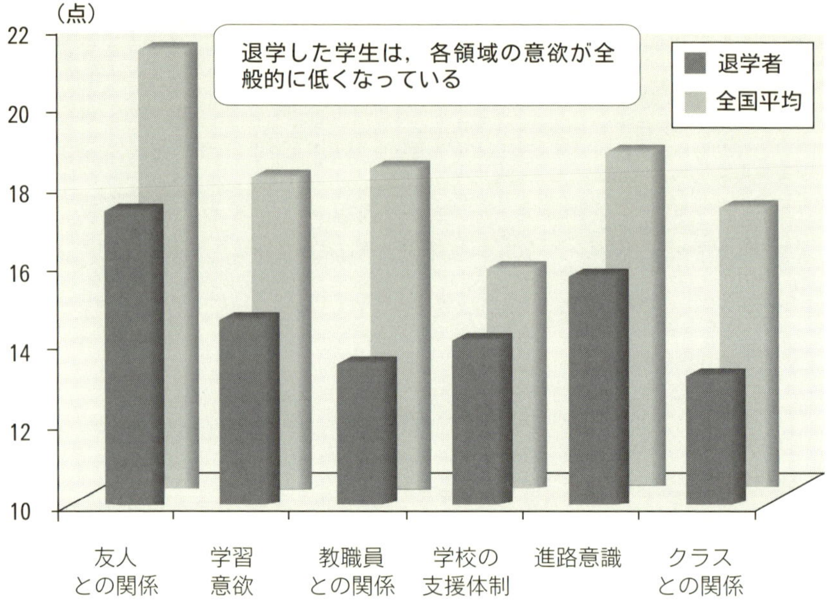
（点）
22
20
18
16
14
12
10
退学した学生は，各領域の意欲が全般的に低くなっている
退学者
全国平均
友人との関係
学習意欲
教職員との関係
学校の支援体制
進路意識
クラスとの関係

図４　学校生活意欲尺度の平均点比較

上の図４は，学生一人一人の学校生活の意欲のレベルを測る「学校生活意欲尺度」の，全国平均と退学した学生の平均を比較したものです。

退学した学生の多くは，意欲が全般的にかなり低下している傾向が見られます。さらに，「教職員」「クラス」「友人」「学習」の領域において，両者の間には顕著な差が見られます。

ここから見えてくるものは，退学した学生の多くは，実際はどうあれ，「自分は教職員からのサポートを得られていない」と感じているということです。各種の調査でも退学をするかどうかを相談する人物としてはまず，友人，家族であり，教職員を相談の対象とする学生は多くないようです。教職員との関係の得点が低さは，退学予防での，教師との一対一関係の構

第3章　退学予防に結果を活かす

築の大切さを暗示しています。また，退学した学生の「クラス」「友人」の意欲が低いことは，受容的な集団づくり，友人関係の維持，が退学予防につながることを示唆しています。

●ソーシャルスキル尺度　～退学した学生のデータから見えてくること③

　退学した学生のソーシャルスキルについても見てみましょう。ソーシャルスキル（社会的スキル）とは，組織や社会の中で他人とかかわりながら協調的に自己を発揮していくための知識や技術のことで，一般に退学してしまう学生のソーシャルスキルは低いことが想像できます。

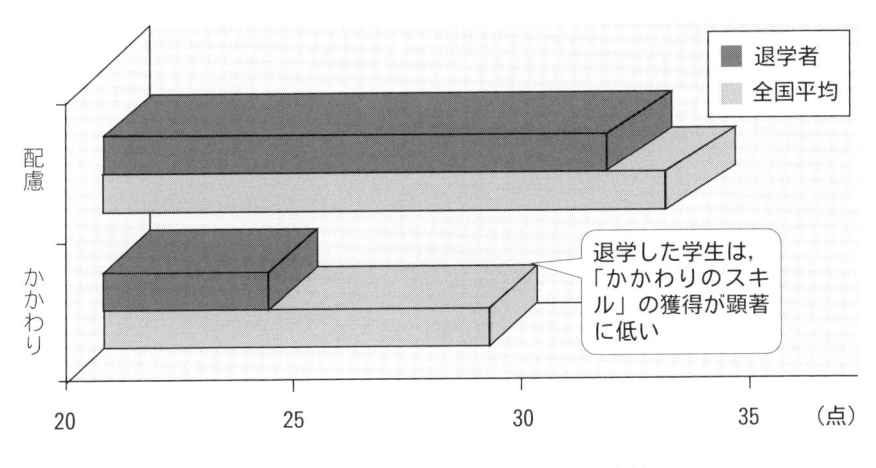

図5　ソーシャルスキル尺度の平均点比較

（グラフ内注釈：退学した学生は，「かかわりのスキル」の獲得が顕著に低い）

　実際に，上の図5を見ると，平均的な学生像よりもスキルの獲得が低い傾向が見られます。とくに，自分以外の人間と自分から能動的にかかわろうとするスキルである「かかわりのスキル」においては，全国平均との差が大きくなっています。

　ここから，退学予防には，友人関係の形成・維持と同時に，「かかわりのスキル」を伸ばすことが必要と言えます。

スキルを伸ばすためには，教師側にも，学生個人のかかわりの弱さを，変えようのない性格特性と見ずに，「変容可能なスキル」として，「教えることができるもの」「練習によって伸ばすことができるもの」として捉えなおしていくという意識が必要です。スキルの練習は，一人用の個別プログラムを作成して実践するよりも複数名で，できる限り予防的にクラス全体のプログラムのなかで，指導していくことが現実的でしょう。例えば，ソーシャルスキルの視点を就職指導の中での活動に取り込み，展開を考えてもよいでしょう。

●悩みの項目　〜退学した学生のデータから見えてくること④

　次の図6は悩みの13項目について，「とても悩んでいる」と回答した者の割合を，退学した学生と全国平均で比較したものです。

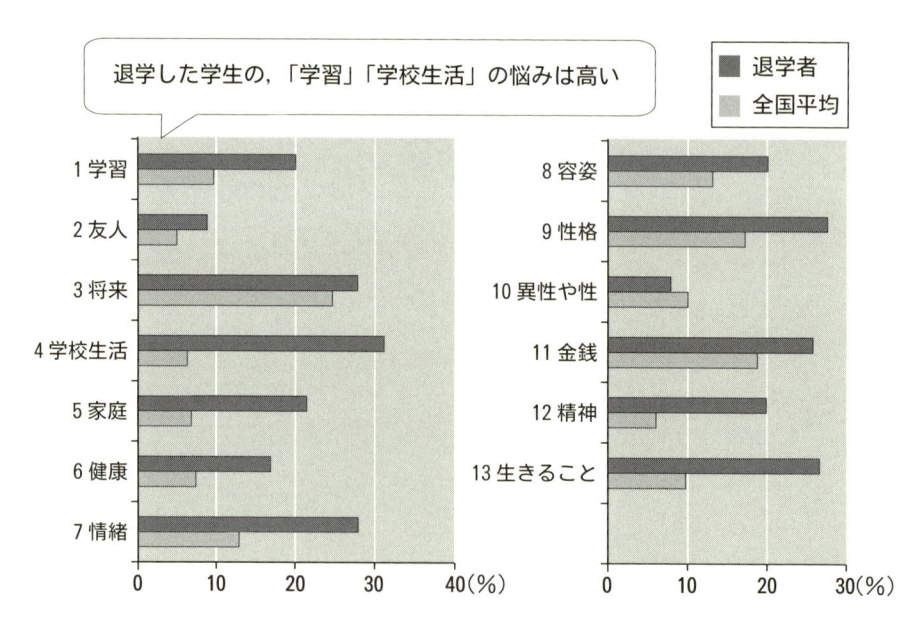

図6　「とても悩んでいる」と回答した退学者の割合の比較

多くの項目で差が出ていますが,「1.学習」,「4.学校生活」,「12.精神」,「13.生きること」などにおいて,とくに差がみられます。

平均的な学生像に比べて,退学した学生たちは,授業についていけない,学校生活が楽しくないという悩みを感じていて,さらには精神的な面や生きることなど深刻な悩みを抱えているということが言えます。

精神面の悩み(幻聴や他人に支配されている感じがする)や,生きることの悩み(生きる意味がわからない,消えてしまいたいと思う)に強く反応している学生の中には,医療の領域に踏み込んだ対応が必要な学生がいることもあります。このような学生に対しては,日常の観察を注意深く行っていく必要があると思います。

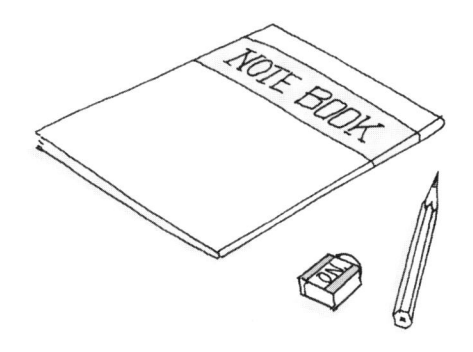

2 個別支援のためのアセスメントのポイント

●hyper-QUによるアセスメントの留意点

　hyper-QUの結果から個別支援についての情報を得ようとするとき，次の視点をもって結果を見ることが有効です。

- ・「観察法」「面接法」と相補的に使う

　　日常観察などの「観察法」，本人や保護者との面談や周りの友人から話を聞くことなどの「面接法」，hyper-QU（調査法）には，それぞれ長所と短所があります。これらは，併用することで相互の短所を補い合い，実態把握の精度を高めます。例えば，「hyper-QUで気になる学生について個別に観察法や面接法で情報を収集する」「日常観察や面接で気になった学生について，hyper-QUの客観的な指標で適応感を調べる」などのように，組み合わせて使います。

- ・定期的に実施し，「予防的な視点」で結果をとらえる

　　観察によって「変わったな」とわかるのは，すでにクラス集団や学生個人の状態が，一定の方向にかなり変化した後で，この時点から対応を始めるのは，実はとてもむずかしいことです。予防と思える段階で実態把握を行うためには，hyper-QUの定期的な実施が有効です。そして，毎回の結果に対して，予防的な視点をもって，現れている小さな動きをきちんととらえて対応を考えておくことが肝要です。

- ・できるだけチームで分析，対応をする

　　hyper-QUを実施する場合，一人だけで取り組むよりも，教師チームで取り組むとよいでしょう。現状分析の段階から，hyper-QUを「共通のものさし」として教師同士でチームを組むことによって，より効果的な対応につなげることが可能になります。

●「学生理解・個別支援シート」を退学予防に活かすポイント

　hyper-QUの結果のなかでも，退学の予兆はさまざまな面で見いだすこ

第3章　退学予防に結果を活かす

1．精神面や情緒面に不安を抱える傾向のある学生	4．退学・転学を考える傾向のある学生
㉞長原　ひとみ	㉔岡本　友子　　㉜中村　明美 ㉞長原　ここに表示されるとき，支援ニーズはかなり高まっている

2．孤立感が強い学生	5．学習意欲が低い学生
③上田　真樹　　㉔岡本　友子 ㉞長原　ひとみ	㉑秋山　弥生　　㉔岡本　友子 ㉗岸　　和江　　㉜中村　明美 ㉞長原　ひとみ　㉟浜田　敏子

3．侵害行為（いじめ）等を受けていると感じている学生	6．人間関係やソーシャルスキルに課題のある学生
㊲堀口　智子	②井上　良夫　　③上田　真樹 ㉔岡本　友子

「学生理解・個別支援シート」のカテゴリー

とができるでしょう。先に見てきたように，学校満足度尺度の結果をはじめとして，学校生活意欲や悩みの面でもそれは現れてきます。

　専門学校版hyper-QUの診断シートには，それらの結果を統合した「学生理解・個別支援シート」（P22参照）がセットされており，支援の必要性が高い学生を，一枚のシート上で，一括で把握することができます。

　支援ニーズ別に6カテゴリーで表示され，この中で深刻度の高いのは，「4．退学・転学を考える傾向のある学生」です。ここに名前があがった学生の場合，すでに退学を意識している可能性があります。それに加えて，「2．孤立感が強い学生」「5．学習意欲が低い学生」の欄にも名前があがるような場合は，その深刻度はかなり高いと言えるでしょう。

53

3 個別支援の進め方のポイント

●カウンセリングの3つのプロセスを活かす

　hyper-QUの結果から個別対応の必要性が確認されたので,「すぐその学生を呼び出し,問題について話し合い,適切なアドバイスや支援をしてあげる必要がある」と考え,対応します。

　しかし,教師の思いに反して,対応の効果がいまひとつということが少なくありません。なぜなのでしょうか。

　このような事例のなかで,「教師の介入が早急すぎて,学生がその対応を受け入れられない」というパターンが多く見られます。

　教師の個別対応の効果を高めるには,カウンセリングの面接技法を活用することが早道です。そのポイントは,次の3つの手順をとることです。

> ①リレーションを形成する段階
> ②問題を把握する段階
> ③解決策を支援する段階

　各段階での展開の概略を,P56〜63で紹介します。

●「一対一関係」を前提とする

　「リレーション」とは,互いに構えのない率直に感情交流できるふれ合いのある関係のことです。個別対応は,教師と学生の一対一のリレーションをベースに進められることが鍵となります。

　教師は個別対応のときだけ学生とのリレーション形成に配慮するのでは不十分です。学生個々とのリレーション形成に努めるためには,「教師から自己開示的に,学生たちに声がけをこまめに行う」「自ら話しかけてくることの少ない学生との接点を,確実に確保する。そういう学生が他の学

生とかかわれる場面設定を意識して行う」などの対応を，授業やふだんのかかわりのときも，具体的に実行していくことが必要です。

● 「親和的なまとまりのある集団」をめざす

　個別支援では，個別の対応を充実させるとともに，「親和的なまとまりのある集団」を育成することが有効です。「親和的なまとまりのある集団」には学生同士の間に受容的な雰囲気があるからです。

　クラスに対して不適応感のある学生は，周囲に受け入れられないことが続くと，さらに不適応傾向を強く示すようになります。こうして不適応行動が増加・悪化すれば，周囲はその学生に対する拒否や排斥の態度を強めます。このような悪循環が繰り返されると考えられます。

　「親和的なまとまりのある集団」をめざすには，互いに気持ちよく生活できるためのマナー（ルール）と，親しい人間関係（リレーション）が，クラス全体に，共に定着していることが必要条件です。

　ルールが定着していると，傷つけられる心配は低く，安心して友人とかかわることができると考えられます。例えば，「失敗や間違いを責めない」ことが共有されていれば，そのクラスでの対人交流の不安は低いでしょう。

　いっぽうリレーションが定着していると，学生同士の交流や意見交換が積極的であると考えられます。また，「この居心地のよい状態を守りたい」と考え，自分たちでルールを守る行動をとることが期待できます。

　ルールとリレーションが共に形成されてくると，ルールを守りながらリレーションを深める行動を，学生たち自ら積極的にとるようになることが期待できます。個人的な悩みを友人同士で相談し合うこともあります。

　このような「親和的なまとまりのある集団」では，学生たちの多くは，「自分はクラスの一員として認められている」「クラスは自分の居場所である」と感じ，クラス集団に対して高い満足感があると考えられます。

4 個別面談の展開
①一対一のリレーション形成

●**教師との面談に，学生自身が活路を見出せるようにする**

　この段階でのポイントは，「問題解決に取り組んでみよう」という学生の意欲を高めることです。そして，「これからも継続して面談に来てみよう」という意欲をもたせることが大事です。

　そのためには，相談にきた学生（以下，来談者と表記）がもっている，「話すだけで問題が解決できるのだろうか」「話したくないことまで話さなくてはいけないのだろうか」などの不安を軽減することが必要です。

　また，援助関係を築くためには，教師が，来談者に敬意を払い，来談者がかけがえのない存在であるという認識をもつことが必要です。

　そこで，来談者に対し，「受容」「支持」の態度・姿勢で接することが大切です。以下に，それぞれの骨子を説明します。

> **受容**
> 次の態度・姿勢をとること。「非審判的・許容的な雰囲気で話を聴き入れる」「裁く姿勢，咎める姿勢，直そうとする姿勢はとらない」「教師役割を前面に出すのを控え，相手の身になって話を聴く」。教師のセリフ例として，「一緒に話すことによって，自分の気持ちを整理したり，これからどうすればいいかを考えていけるといいですね」など
>
> **支持**
> 来談者の感情を肯定・承認すること。「なるほど」「そうだよね」という言葉をかけ，来談者の思いを受け止めていく

●留意点
・教師の守秘義務についてしっかりと説明する
　面談で来談者が話した内容は，不必要に他言しないことを説明する。
・個別対応に抵抗を示した場合は
　学生が抵抗を起こし，ふてくされた態度や感情的な発言をする場合は，学生の言動や感情に巻き込まれず，感情的，叱責口調にならず，丁寧語で端的に話しかけていく。
　例えば，「ムカツク」の発言に対して，「ムカツクとは，具体的にどういうことですか？　私にもわかるように，もう少し詳しく説明してくれませんか」という具合である。
・対人交流の苦手な学生には
　「教室で他の学生とほとんど交流がなく孤立状態にある学生」や「からかわれても黙っている学生」に対しては，教師が気になっている点について質問する前に，まずは日常的な話題から話し始め，リレーションの形成に十分な時間をとる。

> **失敗しないためのチェックポイント 1**
> ☑　強制的な呼び出しにならないよう，事前に学生との関係を深めてから面談に誘っていますか
> ☑　役割意識からだけでなく，学生とリレーションを形成しようという発想をもって，話を進めていますか
> ☑　授業態度に問題が見られる学生に対して，「叱責をするための面談」という雰囲気をつくらないように気をつけていますか
> ☑　伝えたいことを伝えるよりも，学生の話を聞くことに集中していますか
> ☑　「建前上の面談」という雰囲気ではなく，「あなたの本音の感情を聞きたい」という雰囲気で面談を進めていますか

4 個別面談の展開
②問題の把握

●来談者が自分自身の問題と直面するためのサポートをする

　この段階では，来談者の心の中にある問題に徐々に気づかせるとともに，教師は，来談者の抱える問題の本質を理解することをめざします。

　まずは，来談者が自分の状況に目を向け，自分の内面を探っていけるように援助していきます（自己探索への援助）。これがクリアできたところで，次に，来談者が自分自身の問題に直面していけるように援助していきます（直面化への援助）。

　はじめに，「自己探索の援助」をするうえで大切な教師の態度・姿勢について説明します。

傾聴
来談者の内面や状況を理解するつもりで，語る内容や非言語のメッセージを聴く姿勢をとること。第一に非言語的メッセージ（表情，動作，声の調子など）を観察し読み取り，第二に言語的メッセージに耳を傾け理解することがポイント。教師の先入観で来談者を評価せず，その来談者をまるごと理解しようとする姿勢や態度が求められる

共感的な応答
来談者の「自分のことをもっと話してみよう」という気持ちを喚起するために，来談者が「自分の言いたいことがわかってもらえた」と感じ取れるように応答すること。また教師の応答には，「来談者に自分の発言を見直す機会を与えること」「教師が自分の来談者に対する感情の理解度をチェックすること」などのねらいも含まれている。

> **おもな応答技法（反射・反映）**
>
> - 反射「いまあなたの言ったことは，……ということですね」
> - 感情の反映「あなたの気持ちは……ですか」
> - 意図・願いの反映「あなたが言いたいことは……ですか」
> - 葛藤の反映「あなたの気持ちは一方で……，他方では……ですね」
> - 事柄と感情の反映「……だから／それで……なんですね」

次に，「直面化への援助」をするうえで大切な教師の態度・姿勢について説明します。

繰り返し（要約）

相手の話したポイントを整理して，相手に伝え返すこと。例えば，来談者が長々と物語った場合に，ある段階で話を整理して，「あなたが話したことは……と理解していいですか？」と確認する。単なるオウム返しにならないようにする

明確化

来談者がはっきりと意識化していないことや抵抗があって言語化していないことを，教師が先取りして言葉にして伝えること

> **明確化の例**
>
> - 感情を言語化する（例）来談者「なんか沈むんです」→教師「寂しいのですね」
> - 主語を来談者にして言い換える（例）来談者「人はみんな裏表があるから嫌だ」→教師「あなたもそういうことがあるのですか？」
> - 他人のことを批判的に語る来談者に対して，そのことの自分にとっての意味を考えさせる（例）来談者「彼はいつも自分勝手で私を巻き込むのです」→教師「あなたは断ることができないのですか？」

> **対決**

来談者の心の中の矛盾や不一致に気づき，教師がそれを表現することで，来談者が葛藤を通して，自己理解を深め，問題の解決に前向きに取り組もうと感じるための援助をすること。教師は，批判することなく，あたたかい感情を向けて率直に表現していく

- よくある矛盾や不一致

  - 言動の不一致「まじめにやってきたと言いましたが，無断欠席や遅刻が多いのはどういうわけでしょう」
  - 語っている感情と態度との矛盾「あなたは別に平気と言いましたが，私にはつらそうに見えるのですが」
  - 現状と願望や欲求とのズレ「ＩＴ関係の仕事がしたいと言いましたが，いま取り組んでいる内容とどうつながるのですか」
  - 言っていることの矛盾「先ほどは……と言っていたのに，いまは……と言っています。どう違うのでしょうか」

●留意点

・学生の問題を「5W1H」で理解する

　継続された面談から来談者の直面する問題について，気づきを援助する過程から，教師は5W1Hで押さえ，一定の見立てをもちます。

- Who――困っているのは誰か
- What――何を訴えているのか
- When――いつからそれが問題となっているのか
- Why――なぜこの人にとって問題となっているのか
- Where――どこで問題が起こっているのか
- How――どのように問題となっているのか

・来談者の納得とともに進めていく

　このプロセスで，来談者が自分を護ろうとして本音が引き出せず，問題の本質が見えてこないこともしばしばですが，ここで教師が急かしたり，実行を強く迫ったりすると，面談そのものを拒否することもあるので，じっくり話を進めることが大事です。

失敗しないためのチェックポイント2

- ☑ 問題把握の結果について，青年期の心理特性，発達障害，精神疾患に関する専門的知識をもつ先生に相談していますか
- ☑ 経験則に照らし合わせて問題をイメージできたとしても，対応の判断は慎重に行うようにしていますか
- ☑ 自分の経験の範囲のなかだけで問題をすべて理解しようとはせず，広く意見を求めていますか
- ☑ 問題把握の結果，専門家の支援を受けることも念頭においていますか

4 個別面談の展開
③解決策の支援

●**来談者自身による目標設定をサポートする**

　まずは，教師が支援しながら，「自分はどうなりたいのか」「問題となっていることがどのようになればよいのか」を来談者自身に明確にさせて，具体的かつ実現可能な目標を確認します。

●**来談者自身による行動計画の立案をサポートする**

　次に，「どうなりたいか」を踏まえて，それを「どのように達成したらよいか」を，来談者と一緒に検討します。

　現実的で，実現・実行が可能なゴールを定め，その達成に必要な時間，期間を考えます。それから，最終ゴールまでの道程をスモールステップで区切ります。

　また，行動計画を立てると同時に，「過去にどのようにやったらうまくできたか」と成功体験をイメージさせたり，他の学生のお手本になりそうな行動をよく観察させモデリングさせたり，模擬場面でリハーサル的に練習させたりすることも必要です。

●**来談者自身による計画の実行をサポートする**

　計画の実行段階では，「実行─評価─計画の調整─実行」のサイクルを繰り返していきます。

　このサイクルのなかで，来談者の自己評価を援助することも大切です。「計画どおりできたか」「緊張感はどうだったか」「どういうことを感じたり考えたりしたか」「どこがうまくいったか」「次回はどのようなところに気をつければよいか」などを，個別面談で来談者と一緒に確認します。

　また，自己評価だけでなく，教師によるフィードバックも，来談者の行

動修正にとって必要です。とくに計画通りにうまくいかなかった場合には、必ず、目標や計画、実行の修正が必要になるからです。対応のコツは、来談者が、どんな現実も肯定的に受け止められるようにすることです。例えば、来談者が「ここまでしかできなかった」と報告してきたら、教師は「ここまでできるようになった！」と繰り返してあげるのです。

　計画の実行段階では、最初は1、2週間おきに個別面談の機会をもち、実行の評価や計画の調整を、来談者と一緒に行います。やがて、行動修正が軌道に乗ってきたら、面談の間隔を徐々に広げていきます。

失敗しないためのチェックポイント3
- ☑ 学生に対して、一度きりのアドバイスだけでなく、継続的に具体的な物理的サポートをしていますか
- ☑ 「自分だけで解決しよう」と思い込まないようにしていますか
- ☑ 「解決に長期間かかることも仕方ない」という覚悟がありますか
- ☑ 学生に応じて、無理な対応や計画は課さないようにしていますか
- ☑ 学生の実態に柔軟に対応することを重視し、「必ずしも計画通りに進まなくてもよい」とも考えていますか
- ☑ 「必要に応じて専門家に頼む」という選択肢が念頭にありますか（うつ病や統合失調症など精神科の治療が必要と思える学生、発達障害を抱えていると考えられる学生への対応など）

5　集団対応による個の支援

●なぜ個の支援に集団対応が必要なのか

　学生個人の学校生活における満足感や充実感が向上するのは，学校やクラス集団内で，「①不安や孤立，対人トラブルなどの心配がなく，安心して生活できる」「②学習，運動，芸術などの能力や，個性のある性格，発想，スタイルなどが周囲に認められる」の2点を実感できたときです。

　集団への働きかけにより「クラス集団の教育力」が高まると，学生のクラス集団に対する帰属意識が向上し，集団の凝集性が高まります。すると，「自分のよさを十分に発揮」「個々の魅力や能力を表出」しやすいクラス状態になり，「不安や孤立，トラブルも低減」します。

　よって個の支援には，クラス集団へのアプローチも必要なのです。

●どうアプローチしていくか

　教師は，次のように集団に働きかけることが求められます。

　まず，人との話し方，話の聞き方，互いの人権の尊重の仕方など，社会生活を送るうえでのマナーやルールを，クラス集団のメンバー全員が共有できるようにしていきます。マナーやルールが明確になると，対人関係で自分がどう行動したらよいかがわかり，他者から傷つけられる不安が解消されます。安心感が生まれ，積極的に対人関係をつくろうという意欲が湧いてくるのです。

　次に，一人一人が教師や周囲の友人たちから認められる場面を設定していきます。授業や実習，行事など学校生活の様々な機会を利用し，「教師が学生を認める」「学生が相互に認め合う」場面を意図して設定します。

　本書では，構成的グループエンカウンター（SGE）のエクササイズを

活用した認め合い活動を紹介します。SGEとは,「本音と本音のふれ合い体験」をねらいとするグループ活動で,対人関係づくりなどに有効な手段として,全国の小中高校のクラス経営や,大学や企業研修の場面で活用されています。SGEの骨子である「感じたこと気づいたことを語り合う」体験が,そのまま本音の認め合い体験につながるからです。

本書のエクササイズ(P66〜75)の選定は,「ルールややり方が簡単でわかりやすい」「短時間でできる」「繰り返し活用できる」「授業や集団活動で活用しやすい」の4点に配慮しました。

本書のエクササイズは,次の3つの場面に活用できます。

- ・学生間の緊張の緩和の場面
- ・活動開始時のグループづくりの場面
- ・交流をうながす展開の場面

● エクササイズ実施のポイント・留意点

SGEは,「ウォーミングアップ(インストラクション,教示)→エクササイズ(交流体験)→シェアリング(気づいたこと感じたことを語り合う)」の流れで展開します。

エクササイズを実施する際は,「グループを少人数にする(2〜4人組から始め,徐々にグループを大きくする)」「グループはメンバー同士が抵抗の少ない者同士にする」「活動時間の短いものから始める」などの工夫が必要です。また,活動に抵抗をもつ学生には無理強いせず,個別に声かけをするなどのフォローも必要です。「クラスの皆で楽しさを共有できた」という思いをもてることが大切なのです。

学生が慣れてきたら,深い感情交流を促すエクササイズの実施も考えられます。深い気づきは,個性を尊重し合う気概を高めます。時間が確保できる合宿のときや,学生の不安感の高い卒業前に実施するとよいでしょう。

参考文献 國分康孝・國分久子 総編集(2004)『構成的グループエンカウンター事典』図書文化

| エクササイズ① | 5分でできる交流 |

質問じゃんけん

実施時間 5〜10分　グループサイズ 2人組

相手のことに興味をもち，相手とかかわるきっかけづくりにする。
相手に質問をすることは「私はあなたに関心がありますよ」というメッセージであることを学生に伝え，日常場面の交流をうながす。

▶▶▶ こんなとき使う！　こう使う！

授業や行事等で2人組の活動をさせる前などに，相手のことを知ろうという意欲を高めたいときに行う。ペア活動の前に行うと緊張がとけ，活動もなごやかな雰囲気で行うことができる。

▶▶▶ 基本的な展開

①ねらいを説明する。
②二人組になってじゃんけんする。
③勝った人は相手に一つだけ質問する（たくさん質問をさせたいので，負けた人は，聞かれたことにだけ答える）。
④質問が終わったら，再度じゃんけんをして勝った人が相手に質問をする。
⑤これを2分間行う（慣れないうちほど短時間にする）。
⑥感じたこと気づいたことを語り合う。

▶▶▶ アレンジのポイント・留意点

質問が思い浮かばなくて困る学生がいることが予想されたら，黒板に「好きな食べ物」「得意なこと」「好きなテレビ番組」など代表的な質問を書く。留意点としては「自分が聞かれたら嫌だと思うことは質問しない」ことを徹底させる。例えば「『体重は？』『彼氏は』などの相手が答えにくい質問はやめましょう」など実施前に示す。また，答えにくいことを聞かれたときは，「ちょっとわかりません」「いまは答えられません」と言うこともOKであることを伝える。2分間ずっと負け続け，1度も相手に質問ができなかった学生がいた場合，質問する時間を1分間とる。

第3章 退学予防に結果を活かす

展開例

ねらいを説明する（展開の①）

2人組で質問じゃんけんをしましょう。相手に質問することは「あなたに関心がありますよ」という肯定的なメッセージになります。

互いに質問し合う（展開の③）

→じゃんけんに勝った人

石原さんの好きな食べ物は何ですか？

私は……

〜質問の例〜
・好きな食べ物
・得意なこと
・好きなテレビ番組
☆答えにくい質問NG
☆答えられなくてもOK

参考文献　河村茂雄編著（2001）『グループ体験による タイプ別！ 学級育成プログラム 小学校編』『同 中学校編』図書文化

エクササイズ② いいところさがし

感じ事典
実施時間 10〜30分　グループサイズ 4〜6人

青年期は人から自分がどうみられているのか気になったり不安に思う時期であるので，日頃一緒に活動している相手に印象を伝え合い，ポジティブな感情体験を味わわせることが目的である。

▶▶▶ こんなとき使う！　こう使う！

グループ活動や行事の後に，活動のなかで見つけたメンバーのよいところを伝え合うときに活用する。

▶▶▶ 実施の手順

①ねらいを説明する。
②メンバーとシートを交換する。「お願いします」とあいさつする。
③相手のシートの「＿＿＿より」の空欄に，自分の名前を書く。
④感じボックスから相手の感じを2つ選んで，番号を〇の中に書き入れる。
⑤じゃんけんして勝った人が，「◆さん，私の感じ（印象）を教えてください」とインタビューをする。ペアの相手は，「◇さんは〇番の〜（形容詞）と〇番の〜（形容詞）でした。理由は〜です。以上です」と話す。
⑥「ありがとうございました」とお礼を言ってシートを交換する。
⑦相手を変えて何人かと活動を行う。
⑧感じたこと気づいたことを語り合う。

▶▶▶ アレンジのポイント・留意点

・活動開始前には，ふざけ半分で人を傷つけるようなことや，自分が言われたらいやだと思うことは言わないように指導する。
・相手への好意が増してくると，だんだん理由や根拠が長くていねいになり，時間がかかる傾向がある。
・ポジティブな交流なのでたっぷり時間をとって行うとよいと思われる。
・ワークシートのステップ2で，インタビューの前後で，あいさつとお礼を伝え合うことを事前に決めておくと，ソーシャルスキルの練習にもつながる。

ワークシート

（自分の名前を書いてね）　の感じ事典　NO.（　　　）

〔感じボックス〕　1.冷静な　2.誠実な　3.ユーモアのある　4.寛大な　5.やさしい　6.理性的な　7.さわやかな　8.公平な　9.シャープな　10.信念のある　11.我慢強い　12.思いやりのある　13.個性的な　14.堂々としている　15.あたたかい　16.粘り強い　17.人情がある　18.親切な　19.明るい　20.責任感のある　21.センスがいい　22.活発な　23.頼りになる　24.決断力のある　25.意志が強い　26.社交的な　27.気取らない　28.心が広い　29.エネルギッシュな　30.親しみやすい

ステップ1　メンバーの感じを上の感じボックスから選んで一人に2つ書こう

①メンバーとシートを交換します。
②相手のシートの「　　　より」の空欄に，自分の名前を書きます。
③感じボックスからメンバーの感じを2つ選んで，番号を○の中に書き入れます。

　　より　　　　　より　　　　　より　　　　　より　　　　　より
○　○　　　　○　○　　　　○　○　　　　○　○　　　　○　○

ステップ2　メンバーに自分の感じ（印象）を質問しよう

①じゃんけんして最初にインタビューする人を決めます。
②インタビューする人と答える人は下のように話します。

インタビューする人 （◇　　　さん）	◆_____さん，私の感じ（印象）を教えてください
答える人 （◆　　　さん）	◇_____さんは，○番の〜（形容詞）と○番の〜（形容詞）でした。理由は〜です。以上です

ステップ3　いまの気持ちを下の整理箱に書いてみよう

〔気持ちの整理箱〕

出典　品田笑子「感じ事典」会沢信彦・品田笑子編著『自分とも友達ともポジティブ・コミュニケーション』ほんの森出版, pp.11-12

| エクササイズ③ | 緊張ほぐしに |

どっちがいいタイプ？　実施時間 10～20分　グループサイズ 2人～

二者択一を通して緊張をやわらげ，他者と打ち解けるきっかけづくりをする。選んだものやその理由を紹介し合うことで，人とかかわる不安を軽減する。

▶▶▶ こんなとき使う！　こう使う！

ペアやグループでの活動を開始する前の人間関係づくりをしたいときに行う。

▶▶▶ 基本的な展開

①ねらいを説明する。
②ワークシート内の2つの言葉のどちらがよいかを選んで○を付ける。
　どうしてそれを選んだのか理由も考える。
③じゃんけんして勝った人から，○を付けたものを紹介する。
④ペアやグループで何個同じだったか数を数える。
⑤シートの山折り部分を戻し，「診断」を読む。
⑥選んだ理由についてペアまたはグループで話し合う。
⑦感じたこと気づいたことを語り合う。

▶▶▶ アレンジのポイント・留意点

・どっちを選ぶか悩む，わからないという学生には，「どちらが正しくて，どちらが間違っているということはまったくありません。いまの自分ならどっちを選ぶか考えてください。一週間後の自分はまた違ったほうをいいと思うかもしれないから，気軽に考えてください」などと伝え，うながす。
・理由を話し合わせるときには，「私はAとBではAを選びました。理由は～だからです。以上です」などセリフのひな形を提示してもよい。
・ワークシートのステップ1の①～⑩までを2～3ブロックに区切って，一人目のペアと①～③まで理由を伝え合う，二人目のペアと④～⑥まで理由を伝え合う，三人目のペアと⑦～⑩まで理由を伝え合う，などの構成をしてもよい。

参考文献　河村茂雄編著（2006）『集団を育てる学級づくり12か月』図書文化　／　河村茂雄監修・品田笑子執筆『みんなのやくそくノート（小学校児童用教材）』図書文化

ワークシート

君はどっちがいいタイプ？

ステップ1　お題について自分ならどっちを選ぶか考え、○で囲みましょう

①文化祭でゲストを呼ぶなら
アイドル歌手 VS お笑い芸人

②卒業後は
地元にいたい VS 他の地方に住んでみたい

③クラスで旅行に行くなら
オーストラリア VS アメリカ合衆国

④できたらデートでは行きたくないところ
かなりきつい　　　　かなりこわい
ジェットコースター VS お化け屋敷

⑤結婚式を挙げるなら
ハワイの　　　　　　日本の
白い教会　　VS　　有名神社

⑥もしどちらかもらえるとしたらほしいのは
お笑い芸人の　　　歌手になれる
素質　　　VS　　素質

⑦もしあったらほしいのは
答えがすらすら　　　運動が抜群に
書ける鉛筆　VS　できるようになる靴

⑧どちらかを選ぶなら
愛はあるが　　　　お金はあるが
お金のない生活 VS　愛のない生活

⑨タイムマシーンがあったら行きたいのは
過去　　　VS　　未来

⑩失恋したときに聴きたい音楽は
元気が出る曲 VS 癒される曲

ステップ2　ステップ1の答えを他の人と比べてみよう。誰がどこに入るかな？

10〜8コ同じ　　　　　　7〜3コ同じ　　　　　　2〜0コ同じ

よく似ているタイプ	まあまあタイプ	刺激的タイプ
名前	名前	名前

-------------------------------- 山折り --------------------------------

★診断　※これはうら面です

よく似ているタイプ	まあまあタイプ	刺激的タイプ
2人の相性はばっちり！いろんなジャンルについて話してみましょう！もっと共通点が見つかるかも	2人の相性はほどほど。適度なシゲキを楽しみましょう。話してみるともっと共通点がみつかるかも	2人の個性は正反対だから、しげき100％。いろいろなことを話し合うと、ちがう世界を楽しめるかも

参考文献　河村茂雄編（2002）『ワークシートによる　教室復帰エクササイズ』図書文化
河村茂雄・品田笑子・小野寺正己編著（2008）『学級ソーシャルスキル　中学校』図書文化

エクササイズ④　グループ活動の前後に！

さいころトーキング　実施時間 30〜60分　グループサイズ 4〜6人

さいころトーキングは，さいころの示すテーマについて語るというゲーム性の高い活動である。グループのメンバーのいろいろな側面を相互に知ることを目的としている。

▶▶▶ こんなとき使う！　こう使う！

グループの人間関係づくりをしたいときに活用できる。「好きな本や漫画」「好きなスポーツ」など個人的な好みや趣味をテーマにして語り合うことで，人間関係づくりをすることができる。また，行事の後で，体験したことや感じたことをテーマにして語り合うと行事を違う視点でとらえることができる。行事を通して自分が「楽しかったこと」「がんばったこと」を振り返ることや，「見えないところで努力していた」「人の嫌がる仕事をやっていた」など友達の行動や態度を承認することが可能である。

▶▶▶ 基本的な展開

①ねらいを説明する。
②じゃんけんをして勝った人から右手回りでさいころをふる。
③出た目の内容についてグループのメンバーに一人2分くらいで話す。
④話し終わったら，「以上です」と言う。メンバーは拍手をする。
⑤2周したら，話した内容についてフリートークをする。
⑥感じたこと気づいたことを語り合う。

▶▶▶ アレンジのポイント・留意点

・テーマは事前に示す。テーマがわかっていると，心構えをもつこともでき，自己表現の苦手な学生でも取り組みやすい。
・各トークの内容を事前に書かせておくと，話し方やテーマへの抵抗が少ない。実態に応じて「制限時間内は話そう」「メモを棒読みしないで話し言葉で話す」などのルールを設けるとよい。

さいころトーキング テーマの例

グループの人間関係づくりに

《トーク1》

1	子どもの頃，どんな遊びが好きでしたか？ （はやっていた遊びを紹介してもOK）
2	面白かったアルバイトの経験を紹介してください （やってみたいアルバイトでもOK）
3	最近，はまっていること（もの）は何ですか？
4	休日はどんなことをして過ごしていますか？
5	好きなスポーツは何ですか？ （観戦もOK，好きなスポーツ選手でもOK）
6	最近，気になった世間の話題は何ですか？

《トーク2》

1	最近，「うれしかった」ことを教えてください
2	「この本（漫画）よかった」「この映画（テレビ）おすすめ」というものを一つ紹介してください
3	「将来こうなっていたらいいなあ」という願望（夢）を教えてください
4	あなたが「ほっ」とできる場所，時間，空間を教えてください
5	あなたの得意な対人関係は？ (年上・年下・同年齢)？×(同性・異性)？ その理由も教えてください
6	「自分なりにがんばったなあ」と思うことを紹介してください（子どもの頃のことでもOK）

行事の自己評価や振り返り，相互評価の場面で

《トーク3》

1	楽しかったこと
2	がんばったこと
3	苦労したこと
4	すごいなと思ったこと
5	残念だったこと
6	この次やってみたいこと

《トーク4》

1	見えないところで努力していた人
2	人のいやがる仕事をやっていた人
3	楽しみながらやっていた人
4	みんなをひっぱってくれた人
5	力をつけたなと思う人
6	友達を励ましていた人

参考文献 河村茂雄編著（2006）『集団を育てる学級づくり12か月』図書文化

エクササイズ⑤　夏休み明けの交流に

ビンゴ（夏休みの思い出編）　実施時間 10～60分　グループサイズ 4人～

夏休みの思い出は，仲のよい友達には話しても，それ以外には話さないことが多い。そこで，夏休みにどんなことをしたか，楽しかった，面白かった，心に残った体験を語ってもらい，相手のことを知るきっかけにする。

▶▶▶ こんなとき使う！　こう使う！

夏休みが明けた第1週目に行う。夏休みの期間に学生は様々な体験をし，思い出をつくって学校に来ている。各自の思い出をビンゴの形式で紹介してもらい，同じ体験をした人を探したり，自分だけの体験であったことを実感したりさせる。クラスメイトの話を聞き，これまで話をしたことのない学生の夏休みの様子にもふれ，日常生活の中で話すきっかけをつくる。

▶▶▶ 基本的な展開

①ねらいを説明する。
②ワークシートを配る。
③夏休みに体験したことを一つずつ書かせる。一人につき9つ書く。
④一人ずつ体験を発表していき，発表者の体験と自分の体験が同じ場合に〇印を付ける。
⑤あと一つで一列そろうというときには「リーチ」，全部そろったら「ビンゴ」と言う。ビンゴの人がでても発表を続けさせ，できるだけ多くの人に体験を紹介してもらう。
⑥感じたこと気づいたことを語り合う。

▶▶▶ アレンジのポイント・留意点

- 9つの体験がすぐに思い浮かばない学生もいることを考えて，代表的なものをワークシートに取り上げておく。全体でビンゴゲームをした後には，グループになり，一番心に残った思い出について，一人2分くらいで話をさせる。より詳細に体験を交流できるので，より相手を身近に感じられてリレーション形成が促進されることが期待できる。
- 夏休み中に実習があった場合，テーマを「実習の思い出（体験）編」などにアレンジすることも考えられている。

ワークシート

ビンゴ〔夏休みの思い出編〕

ステップ1　夏休みの思い出を9つ紹介してください。下の表に書きましょう

※思いつかない人は下を参考にして書いてもよいよ。

花火を見に行った　・　部活をした　　・　実習をした　　・　海に行った
アルバイトをした　・　旅行にいった　・　お祭りに行った　・　キャンプに行った

ステップ2　クラス全体でビンゴをします
①順番に思い出を聞き，同じ体験をしていたら，○をつけます。似たような体験をしていて「これは同じと考えて良いかな？」と迷うときには発表者に「よいですか？」と聞きます。
②あと一つでビンゴになるときには「リーチ」と言います。
③縦，横，斜めのどれか1列に○が並んだらビンゴです。「ビンゴ」と言います。ビンゴになっても続けていろいろな人の夏休みの思い出を聞きます。

ステップ3　グループのなかで，ビンゴで書いた内容についてもう少し詳しく話します
①9つの出来事の中から，一番楽しかった・印象に残っている思い出を選び，○をつけます。
②4人組になり，じゃんけんで勝った人から一人2分で話します。
③全員が話し終わったらフリートークをします。

参考文献　土田雄一「体験したことビンゴ」河村茂雄編（2002）『ワークシートによる 教室復帰エクササイズ』図書文化, pp.34-35

6 [専門学校での実践例]
専門学校におけるhyper-QUを使った個別対応の流れ

●いまの学生たちにどう対応していくか

　これまで専門学校の教師は，教授内容に関する専門的知識・技術は，もち合わせていても，教職についての知識・技術は体系的に学んでおらず，学生理解や教育相談の知識や方法は，教師まかせの状態でした。

　しかし，昨今の専門学校が抱える新たな課題として，非常に幅広い学力差を前提にした授業展開，未曾有の就職難を乗り切るための職業教育，うつ病・統合失調症・軽度発達障害等を抱える学生への支援など，これまでの各学校・教師独自の取組みだけでは解決しきれない問題が生じ，それらが山積しています。

　このような現状を踏まえ，専門学校でも，従来のようなクラス担任まかせによる対症療法的なやり方ではなく，学校組織として個別対応をより充実させていくことが求められるようになってきました。

●必要な学生情報を得る（従来の面接や日常観察を補う手段として）

　専門学校では，従来から学生理解を深める方法として，「面談法（個人面接）」と「観察法（日常生活や授業中等）」を重視してきました。

　しかし，クラス担任の経験と主観に頼った学生理解方法だけでは限界があります。そこで，客観的な学生情報を得る方法として，質問紙などを用いる「調査法」の活用が求められるようになってきました。

●「学校組織によるチーム支援」の実現へ

　hyper-QUの結果から得られる学生情報は，担任目線の理解ではなく，学生自身の訴えです。そして，hyper-QUの結果を，クラス担任による面接と日常観察の結果とあわせて見ることで，より客観性の高い学生理解に

第3章　退学予防に結果を活かす

つなげることができます。

　そこで，事例校では，hyper-QUの実施と同時に，小中学校の校内委員会を参考にして，「学生サポート委員会」を設置しました。

　この委員会は，クラス経営を，担任一人の問題としてではなく，学校全体の問題としてとらえることを大切にしています。校長，教務部長，カウンリング委員，関係教員などで構成され，複数教職員の協議により，学生一人一人に対する個別対応策を決定しています。これにより，クラス担任だけでなく，学校組織全体で，一人一人の学生，一つ一つのクラスを見守っていく体制をつくることをめざしています。

●事例校における個別対応のながれ

・校内Q-U研修会（3月下旬）……表中の①（P79）

　教務部長（スーパーバイザー）を中心に，K-13法による事例研修を実施します。「かたさの見られる集団」と「ゆるみの見られる集団」の2事例の検討を通して，教職員一人一人が，リレーション形成とクラスルールづくりの大切さを学びます。クラス開き以前に，クラス経営にノウハウや体系的理論があることを知ることが重要と考え，実施しています。

・一回目のhyper-QU実施（5月上旬）……②

　hyper-QUの実施目的について，学生には，「学校生活を楽しむためのみなさんからの訴え」と説明しています。また，入学初期の段階で学生を多面的に理解するため，hyper-QUと同時に知能検査と性格検査も実施しています。知能検査と性格検査については，企業の採用試験で多用されているSPIやYG検査にちなんで，キャリア教育の一環として説明しています。

・支援ニーズの高い学生のピックアップ（5月下旬）……③

　hyper-QUの結果から，不満足群及び非承認群の学生をリスト化します。

77

そして，過去の退学事例を参考にして，リスト中で，悩み項目の「学習・友人・学校生活・家庭・情緒・精神・生きること」が高い学生に対して，個別支援の優先順位をつけます。特に「精神」の悩みが高い場合，病気（統合失調症）の可能性もあるので最も注意が必要だと考えています。

・学生サポート委員会による対応方針の決定（6月上旬，その他随時）……④

　6月に委員会を開催し，リスト中の学生一人一人について，ほんとうに個別支援が必要か確認します。また，委員会は担任の要望に応じて随時開催します。そして会議では，個人面接結果，学生動向報告書，担任インタビューをもとに，だれが個別対応をすべきか協議します。「クラス担任」「校内カウンセラー」「部長・校長」「外部医療機関」と対応段階を定めています。

・方針に基づく個別対応の実際（随時）……⑤

　協議の結果，「校内カウンセラーによる対応が必要」と判断するケースも多くあります。現在3名いる校内カウンセラーは，専門的カウンセリング技術を身につけた教員で構成していますが，該当学生が所属する学科以外の校内カウンセラーが，面接を実施します。この対応は，担任の個別対応負荷や精神的ストレスを軽減し，学校組織内だけで対応できる仕組みづくりにつながっていると思います。対応後の経過観察は，担任を中心として行います。

・気になる学生の保護者との個別面談（8月下旬）……⑥

　保護者説明会後に，気になる学生の保護者と面談をします。面談では，教師からの質問ばかりでなく，教師からその学生のよいエピソードを語り，保護者にも，学校生活や担任教師に対して安心感をもってもらうことも必要です。

表　事例校における個別対応手順

時　期	内　容
3月下旬	校内Q-U研修会の実施（教職員対象）①
4月上旬	新入生オリエンテーション合宿（2泊3日：学校行事）
5月上旬	第1回目のhyper-QU実施，担任による個人面接 担任が気になる学生の動向報告書の提出　②
5月下旬	第1回目のhyper-QU結果が返却される ・hyper-QUの結果から，不満足群（要支援群），非承認群の学生及び悩み項目の合計が多い学生をピックアップ　③ ・教務部長（スーパーバイザー）によるhyper-QUの結果の担任へのレビュー
6月上旬	学生サポート委員会の定期開催 ・ピックアップ学生に対して，どう個別対応するか協議により決定。決定事項を担任へ連絡　④
6月〜7月	学生サポート委員会による担任の個別対応及びクラス経営の支援　⑤
8月上旬	保護者への成績表送付（担任コメント付き）
8月下旬	保護者説明会・学生の保護者と面談　⑥
9月〜10月	学生サポート委員会による担任の個別対応及びクラス経営の支援　⑤
11月	第2回目のhyper-QU実施，クラス経営状態の確認

7 [専門学校での実践例]
性別的にクラス少数派となる学生の支援 [工業専門課程・システム系学科]

●自然と深まる孤立感に，教師がどう介入していくか

　システム系学科のクラスは，「男子比率が非常に高く，女子が少数派」「コミュニケーションを苦手とする学生が多い」「大学・短大の既卒者など様々な背景をもった学生の混成」等の傾向がある。

　このようなクラスにいる女子は，初期のhyper-QUプロットで被侵害・不適応得点が高くなる傾向があり，不適応になる可能性が高い。このように，クラス中に同性の友人がほとんどいないケースでは，積極的支援が必要である。このことは，女子比率が高いクラスにいる男子にも共通する。

　学生理解のために入学直後は女子に限らずクラス全員に対する面接を進める。初回面接は表面的な会話になることも多い。どんな悩みを抱えているのか，クラス・友人・教師との関係や家庭環境はどうか，などの様々な情報を日常生活や授業の観察及びhyper-QU・知能検査・性格検査などからも収集する。

●「集団を好きにさせる」「人間関係を偏らせない」対応を選んだ

　担任は，ふだんからクラス全員に対し，日常のあいさつや「調子はどう？」などの軽い声かけをする。女子には，とくに服装・髪型・アクセサリなどに着目した声かけを実施すると反応がよい。面接等で，女子の希望を聞き，それをある程度聞き入れ，クラス環境を整備する。具体的には，良好な人間関係を築けそうな学生を横座席にする席替えや，レクレーション等のクラス行事を実施する。授業展開では，SGEの「トランプの国の秘密」「6人の人生」「無人島SOS」などのエクササイズや，「バスは待ってくれない」「砂漠で遭難」「UNGAME」などのグループ体験を通して，該当学生がク

ラス集団の中で取り残されないよう配慮する。

　上記の対応を実施していても，不満や退学を申し出てくる学生もいる。その場合，緊急の面談，保護者面談，三者面談（担任，保護者，学生）を実施する。ここでの面談では，該当学生の主訴・悩みを一緒に解決しようと試みることが必要である。深い悩みを抱えている場合，その要因を十分に聞いてあげる。対人関係で悩んでいる場合，該当学生の意見だけでなく，当事者双方の意見を聞きながら対応を進めることも多い。「社会に出ると性別に関係なく，自分が苦手な人とも付き合う必要があるよ」と，社会人を強く意識させることが有効に働く場合もある。いっぽう，情緒・精神面で悩んでいる場合，校内外のカウンセラーを活用するケースもある。

● その学生なりの「居場所」が見つかることで，孤立感が軽減される

　このように，日常観察等を通して対応策の評価を随時試みるとともに，11月には2回目のhyper-QUを実施して，プロットを確認する。

　該当学生のプロット位置は，担任の日常観察に比して，思ったほど改善されていないこともある。その場合，担任は，該当学生の趣味・趣向を聞きだし，なるべく話の内容を合わせると，「いままでの先生は，こんなことまで話せなかったからうれしい」等の会話が出てくる。友人関係の改善が見られない場合，せめて担任との関係だけは維持しなければならない。

　少数派であることから生じる不適応には，個別の問題解決と同時に，ＳＧＥや学校・クラス行事で交流を促進することで，クラスに限らず，学校のどこかに居場所を確保させていくことが大切である。

　例えば，事例校では，新入生オリエンテーション合宿を実施しており，その間は学科を越えたグループ編成としている。2泊3日の合宿を通して仲よくなった同性の友人同士で，その後の学校生活でも一緒に昼食をとっている姿も見られる。

8 ［専門学校での実践例］
言動から孤立してしまう学生の支援 ［商業実務専門課程・美容系学科］

●周囲とずれている学生をどう見極めるか

　美容業界への就職を目的とする学科では，外向的な性格で，コミュニケーション能力に長けている学生が多い。ともすれば，自己顕示欲が強い女性が集まる傾向にある。また，友人関係を学校生活の一番大事な要素として考えている学生が少なくない。

　このようなクラスにおいて，とくに支援が必要なのは，「同世代のコミュニケーションルールに見合った言動ができない学生」である。該当学生のなかには，中学・高校時代にいじめ・不登校・うつ状態を経験してきた者も多い。

　このような学生は，仲よしグループの仲間に対しても，同世代の独自なルールに反する言動を繰り返すことで，孤立を深めていく。この孤立状態が放置されると，クラスに「該当学生が気に入らないという雰囲気（嫌いオーラ）」ができあがってしまい，最終的に退学に至る。

●友達付き合いのスキルを育てていく

　そこで，クラス内の人間関係が固定する以前での，該当学生の早期発見・早期対応が肝心である。「友人との会話はうまくかみ合っているか」「昼休みに一人でいないか」「学習意欲が低くなっていないか」「教師の指示に反抗的でないか」「遅刻・欠席数が増加していないか」などの観点について，日常観察や他の教師や学生から情報収集してチェックする。

　そのうえで，該当学生に対しては，ソーシャルスキルの指導を行う。とくに，同世代のコミュニケーションに必要な言動や，気分を害する言動を，具体的に指導する。例えば，「同世代の友人が喜ぶことを話すように心が

けようよ」「モテ自慢ばかりしていると嫌われてしまうよ」などのアドバイスをして，スキルの練習をする。このようなソーシャルスキルの指導は，その後もhyper-QU・知能検査・学力検査等の結果を参考にして，指導の有効性・言動改善の可能性などを再確認しながら，継続的に指導していく。

　同時に，クラス全体に対しても，友人を傷つける言動を禁止するようルール宣言を行う。場合によっては，担任が該当の仲よしグループの全員を呼び集め，積極的に対人関係を調停する。

● ＳＳＴの展開をどう専門学校向けにアレンジしていくかが課題

　これらの対応が功を奏すると，該当学生の行動には，友人への配慮が感じられるようになる。クラス全体でも，初期のhyper-QUのプロットで，学校生活満足群にいる学生の割合が50％を越えるケースも多い

　ただし，以上の対応だけでは該当学生の言動改善が見られない場合がある。それは，「該当学生の問題の本質を探り当てられなかった場合」「該当学生が発達障害等の課題を抱えていた場合」「該当学生の情緒面が安定せず，ソーシャルスキルの練習に主体的に取り組ませることがむずかしかった場合」などである。このような場合は，長期間をかけて，学級全体に対して，他者の評価・個性を認める教育を授業のなかで実施し，孤立している学生を支援する。

　また，該当学生の言動改善がされない状況は，周りの学生にとってはストレスのたまりやすい状況である。そこで，「校内カウンセリング」を活用して，該当学生の言動に振り回されている周りの学生のストレスを軽減する対応をとることもある。カウンセリング内容は，「傾聴することで，ストレスを抱えている学生たちのストレス発散を促す」「該当学生の言動を適度にやり過ごすスキルを教える」「自分なりのストレス解消法を見出す協力をする」などである。

9 ［専門学校での実践例］
目的感があまり無い学生の支援　［商業実務専門課程・総合ビジネス系学科］

●入学動機が他律的な学生が多い

　ビジネス系学科の学生たちは、おもに一般企業への就職を目的として、簿記会計・情報・販売等の幅広い知識を学習し、多くの資格試験にチャレンジする。この学科のクラスの多くは、男女比もほぼ同程度で、義務教育の延長線上のような雰囲気がある。

　このクラスでとくに支援が必要なのは、目的感があまり無い学生である。このような学生は、「親や高校の先生に勧められるまま入学した」「ほんとうにやりたかったことを反対されて仕方なく入学した」など、自分の確固たる意思で入学していない場合が多く、学習意欲が低い傾向がある。またhyper-QUのプロットで見ると、承認得点が低い傾向がある。

　学生への個人面接では、まずは「いつも何時頃に家を出るの？」「朝どうやって起きるの？」「だれとよく遊ぶの？」などの軽い話題から、自主性、親子・交友関係の様子を探っておく。やがて信頼関係ができてきたら、家族環境などに踏み込んで質問するようにする。

●学校で学ぶことの楽しさを最大限に実感させていく

　該当学生への個別対応は、「いかに学習意欲を高めていくか」「いかに学校生活を楽しくさせるか」に焦点をおいて進める。

　学習意欲を高めるには、小さな目標達成を繰り返し、自己効力感を徐々に高めていく方法がよい。例えば、ワープロ・表計算等の情報系実習科目を活用し、比較的易しい検定取得をめざす。取組みの姿勢をこまめにほめていくようにする。

　また生活面のサポートには、電子メールを活用するとよい。直接言いづ

らいことも伝えやすいため，学生の本音を聞き出しやすい。該当学生が無断遅刻・早退したときなどに，「今日はどうしたの？」という連絡から始め，だんだんと本音を聞き出していく。

● **毎回の対応には，本人がやる気を落とさないための配慮が不可欠**

　比較的易しい検定に不合格となった場合などをきっかけに，学生自身に「やっぱり，自分はダメだ。この学科の勉強は，自分には向いていない」という考え方が強まり，退学希望を申し出てくるケースも多い。教師は，結果のみを評価するのではなく，検定への取組み姿勢を日頃からほめておくことが大切である。この配慮が，学生の「もう一度やってみようかな」というやる気を喚起することにつながる。

　ところで，本学科では，該当学生の意欲の低下を放置すると，学習意欲の低さが他の学生に伝播し，クラス集団全体の学習意欲が低下する危険性が高い。集団対応の観点からも，早期の個別対応が必要である。

　学習意欲の低下は，基礎学力が低いことから生じるケースが多い。早期の個別対応では，学生が当初の学習から取り残されないためにも補講等の対応が重要である。学生によっては，授業中に「わかりません」などの発言ができないことも多いため，教師が一人一人の学習の進捗状況を確認しながら，必要に応じて放課後に補講を行う。

　補講場所は，原則ホームルームであるが，該当学生の希望により，一対一の関係が築ける教室で行うこともある。

　いっぽう，「放課後でも親身になって指導してくれる先生の姿」を見ている周りの学生たちは，「この先生なら信頼できる。ついていける」という実感が湧いてくる。このように，一対一の個別対応を重視しながら，クラス集団への影響力を及ぼすことも可能である。

10 [専門学校での実践例] 目的集団における低学力学生の支援 [商業実務専門課程・医療事務系学科]

●目標が明瞭な学生たち。資格取得のための意欲や能力をどうするか

　医療事務系学科の学生は，将来，医療機関への就職を希望しており，入学目的が非常に明確である。クラスのほとんどは女子学生であるが，まれに男子学生が入学することもある。

　2年間のカリキュラムは，医療事務の総合的能力を身につける「診療報酬請求事務能力認定試験（医科，歯科）」の目標検定を取得するための学習を中心に，必須取得検定（目標検定より難度が低く，年6回受験可能）の「医療事務管理士技能認定試験（医科，歯科）」および「医療秘書検定」「医事コンピュータ技能検定」「ワープロ・表計算検定」なども取得する構成となっている。さらに事例校では，1年次の3月に2週間の病院実習を義務づけている。このように，接遇マナー修得と資格取得に追われる忙しい学生生活を送るのが，医療事務系学科の特徴である。

　このようなクラスにおいて，支援が必要なのは，「低学力学生」と「自分の意思で入学しなかった学生（親や高校の先生の勧めで入学した学生）」である。後者は，入学後の勉学の大変さを実感した時点で退学希望を出しやすい。後者のような退学を防ぐには，入学前のオープンキャンパス等で十分なカリキュラム説明をしておくことも必要である。

●クラス集団の意欲的な雰囲気を高めながら，学力は個別にサポートする

　対応は，入学直後のクラスオリエンテーションにおいて，クラス全体に対し，クラスルールを宣言することから始める。「自分の言った言葉には責任をもちましょう」「派手な化粧はしない」「髪の色は地毛（黒）に戻してください」「5分前行動をしましょう」「メリハリのある生活を送りましょ

う」など,「医療機関に勤める社会人として当たり前の接遇マナー」として徹底させる。このクラスルールに違反した場合,問題行動が改善するまで指導する。「先生は,最初に宣言したことを絶対に曲げない」という強い意思を示すことが必要である。

　学習面では,レセプト(診療報酬明細書)作成の添削指導を,放課後等を利用して,全員に実施する(一人10分程度×人数分)。

　こうして「クラスルールの徹底」と「個別の教科指導」により,クラス全体の学習意欲を高めながら,必須取得検定から目標検定までを段階的に資格取得するよう指導していくなかで,しだいにクラスは目的集団化していく。その結果,2回目のhyper-QUのプロットは,ほとんどの学生が学校生活満足群に出現する。

　このようなクラス環境ができてくると,低学力学生も,目的集団の勢いにのって努力するが,学習についていけない状況が起こってくる。この学生には,個別学力に応じた宿題を課して学習支援を行いながら,必須取得検定の合格をめざす。事例校カリキュラムでは,1年次の11月に必須取得検定(医科),12月に目標検定(医科)を受験することになっている。

■**本人が納得のいく進路を見つける援助ができるか**

　不合格後の個別面談では,「何がいけなかったのか」を学生自身が自覚することを大切にする。例えば,「どうして合格できなかったと思う?」と問いかけをし,学生自身の気づきを大切にしながら,教師側から要因を補い,原因を明確化していく。最後に,「次回,検定に合格できるように一緒にがんばるよ」と声がけをして,面談を終える。

　やがて該当学生は,それまで努力したことにより,自分の進路(将来)に対して納得するラインが自ずと見えてきて,自らの努力と結果を対比し,就職先を探るようになる。

| コラム | K-13法 —hyper-QUを使った事例研究法— |

　hyper-QUの結果をとったあと，各教師が結果を持ち寄って，検討会を行うのは有効なことです。
　マニュアル化された事例研究法として「K-13法」の手順を紹介します。

▶▶事例提供者による発表
❶　クラスのリーダー格の学生を説明します。
❷　配慮を要する学生を説明します。同時に，プロットされている位置が予想外の学生がいたら説明します。
❸　学生たちのおもなグループを説明します（グループの特徴，リーダーについても説明する）。
❹　クラスの問題と思われる内容を説明します。
❺　参加者は事例提供者に疑問点・確認したい点を質問し，答えてもらいます。

　　　　　　　　授業がザワザワして一部の学生がまったく言うことを聞かないので困っています

（参加者はプロット図にマークしたり，内容をメモしたりする）

▶▶アセスメント
❻ 参加者（事例提供者も含めて）が，考えられる問題発生・維持の要因を，できるだけ多くカードに書きます。
❼ 全員のカードを出し合い，似た内容のもの同士を集めて画用紙に貼りつけ，それぞれに小見出しをつけます。
❽ カードの貼られた画用紙を，重要だと思う順番に並べます。そう考えた理由を発表し合い，全員で協議して，一応の統一見解・仮説をつくります。「私は…だから…と思う」という，アイ・メッセージで発表します。

▶▶対応策の検討
❾ ❽で考えた問題の要因に対する，解決法をできるだけ多くカードに書きます。抽象論ではなく，具体的な行動レベルで記述し，事例提供者が現状の力量で，現実的に取り組める内容にします。
❿ ❼と同様に整理します。
⓫ ❽と同様に順番をつけ，話し合って統一の対応策をつくります。目的地を明確にし，1か月後のサブゴールも明確にします。
⓬ 事例提供者が不安に思う点，懸念される問題点について，対応策を確認します。

▶▶結論と決意の表明
⓭ 事例提供者が，取り組む問題と，具体的な対策をみんなの前で発表します。参加者全員の拍手で終了します。

【フォローアップ】
　1～2か月後に，再びhyper-QUを実施し，ポジティブな変化が認められない場合は再び同様の会議を実施する。

コラム　キャリア教育とは何か

●「今」を生きる私たちと若者の意識

　私たちは常に「今」を生きています。それは過去でも未来でもありません。キャリア概念は時間の流れの中でとらえられるもので，現在は過去の経験の積み重ねの上にあり，未来は現在を基盤として展望しうるものです。

　私たちは子どもの頃からよく「夢や希望をもて」と言われ，若者たちにも同じことを助言します。それはなぜでしょうか？

　キャリアは未来志向的であるといわれますが，その本質は「今を生きる」ことにあります。夢や希望，すなわち将来展望はそれ自体に意味があるというよりは，自分がその夢や希望に真っ直ぐに向かっているかどうか，今を充実させて生きているかどうかがわかりやすくなることに意味があるのです。要は「二度とない今を充実させて生きているか」の確認なのです。

　今を生きる若者は，夢や希望があるからこそ，それが実現できるかどうか，どんな社会になり，そこでどんな人生を送るのかといった不安を払拭することはできないのです。また，若者には「天職」や「自分に向いていること」を知りたがる傾向が強くみられます。それは適性への不安であり，失敗に対する不安の現れでもあります。実際には「天職」など初めからあるものではないし，「適性」もやっているうちに伸びる動的なものです。知識・技術・技能は行動に表してはじめて意味をもち，「やれる」「できる」という認知，すなわち適性の認知につながるのです。

●キャリア教育とは何か

　キャリア（career）の語源は，ラテン語の「carrus」（車輪の付いた乗り物）であり，その意味するところはレールコースであり，馬車が通っ

た後の轍です。

　キャリアとは，その初期の研究では「生涯にわたる人生コースの中で，個人によって演じられる役割（sequence）と組合せ（combination）」（Super,D.E.の定義）とされ，「時間」（どんなときに）「役割」（どんな役割を）「関与」（どれくらいの重みをもって）の3つの構成概念から成るとされていました。また，古くはキャリア・ウーマンなどの語に象徴されるように，「職業」の視点がかなり強調されていましたが，現在では「人生あるいは個人的な生き方」に視点が拡大され，より包括的になってきています。職業や職業生活のあり方が個人の生活全般や生き方にも影響を与えているとして，「仕事そのものや職業生活における変化をとらえる」ワーク・キャリアの考え方から，「仕事や職業生活だけでなく，家庭生活，余暇生活，地域生活などの領域を含み，その人の生活全般をとらえる」ライフ・キャリアの考え方にキャリア概念の中心がシフトしているのです。「キャリア」を考える際には，「仕事・職業」と「個人の生き方」という2大側面を常に意識する必要がありますが，ここでは，現代社会の多様性と変化の早さを考慮して，「社会の一員として，自他の存在を認め，自分を生きる生き方」をキャリアと考えることにします。

　キャリア教育は，アメリカで1970年代に「若者が学校から社会へ円滑に移行（transition）できない」という社会情勢を背景にして，職業教育を柱に「教育全体をリフォームする」ことをめざして開始された運動です。日本でも，1990年代に「それまでの学校と企業等のリンケージを基盤にした就職システムの崩壊」「大学進学のメインストリーム化」が顕著になりました。こうした変化とフリーターなど非正規有期雇用労働者の増加，学卒無業者の増加を教育の問題としてとらえ，中学校での就業体験をはじめ，様々な取組みがなされてきました。文部科学省は，キャリア教育を「激しい社会の変化に対応し，主体的に自己の進路を選択・決定できる能力やしっかりとした勤労観，職業観を身に付け，それぞれが直面するであろう様々な課題に柔軟にかつたくましく対応し，社会人・

職業人として自立していくことができるようにすること」ととらえています（2010年7月，文部科学省ホームページより）。

● キャリア教育の課題

　現在，キャリアとは，職業生活も含んだ人生全体である「ライフ・キャリア」を意味するという理解が主になっています。しかし，いまだにキャリアとは「職業」「働くこと」だという認識も強く見受けられます。

　たしかに「職業選択」は青年期の重要な発達課題であるし，「働くこと」は人生における重要な要素です。しかし，それらは「自分を生きる」手段であって目的ではありません。あくまで人生の一部なのです。ハローワークの学卒担当職員に対するインタビューでも，「職場に定着できる人は生活全体の中に働くこと・職業生活を位置づけている」という多くの指摘があります。目的と手段をしっかり認識，区別して，生活全体の設計としてのキャリア教育を心がけたいものです。

　また，いまだに「好きなこと」「やりたいこと」を探す，自分を分析して「自分探し」をすることをキャリア教育と考えている人もいます。これは明らかに一面的過ぎます。私たちは社会環境の中で生きているのであり，自分をいくら見つめても，分析しても，社会に目を向けなければ自分の居場所も生き方も見つけられません。将来どんな社会を創りたいのかを考えてはじめて，その一員として生きる自分の姿が見えてくるのです。

● 専門学校におけるキャリア教育

　専門学校（専修学校専門課程）制度は，1975年の学校教育法改正に伴って従来の各種学校を基盤として成立しました。学校教育法（現行）第124条は，専門学校について「第1条に掲げるもの以外の教育施設で、職業若しくは実際生活に必要な能力を育成し、又は教養の向上を図ることを目的として次の各号に該当する組織的な教育を行うもの……（以下略）」と規定しています。

　専門学校制度が発足して35年が経過していますが，その間専門学校は

一貫して「実務に即した実践的な職業教育を行う教育機関」として認知され，多くの卒業者を送り出してきました。専門学校は資格・検定の取得，実務能力形成，実習の重視を通して「職業生活からキャリア設計する」教育機関としてその存在意義があるといえます。

　中央教育審議会キャリア教育・職業教育特別部会は2010年5月17日，『今後の学校におけるキャリア教育・職業教育の在り方について（第二次審議経過報告）』を発表しました。その中で，キャリア教育で育成する主要能力として「人間関係形成・社会形成能力」「自己理解・自己管理能力」「課題対応能力」「キャリアプランニング能力」の4つがあげられています。また，高等教育における充実方策としては，「職業実践的な教育に特化した枠組み」を検討するとしています。

　大学における職業教育の充実が緊急の課題となっていることも指摘されていますが，実験・実習を重視した教育課程，業界・企業等との連携強化に代表される職業実践的な教育は，伝統的に専門学校が担ってきたものです。専門学校入学者は1992年の36.5万人，卒業者は1993年の31.3万人をピークに減少傾向にありますが，それでも24万人以上が入学，卒業する（2009年度）高等教育機関です。職業適性のD（Data：情報を扱う能力）　P（People：人と接する能力）　T（Thing：モノを扱う能力）3領域でもわかるように，知識・技術・技能は人と接する能力を基盤として発揮されるものです。専門学校は対人能力（人間関係形成・維持）を伸ばす教育を行うことによって，実務に即した実践的な職業能力を今まで以上に伸ばし・活かすことができるようになるのです。それは，専門学校の存在意義，専門学校教育の意味をさらに強固にすることにつながります。

《参考文献》川崎友嗣・橘川真彦・長須正明　2000　『進路探索S&W』第一学習社／下村英雄　2009　『キャリア教育の心理学－大人は子どもと若者に何を伝えたいのか－』東海大学出版会／梅澤正　2008　『職業とは何か』（講談社現代新書）

第4章

授業に結果を活かす

授業を深めるためには，学生たちの実態に応じるように，授業構成や展開，学生たちへの働きかけを工夫することが求められます。

1　hyper-QUの結果を活かして授業を展開するには

●理想となる授業とは

　専門学校では「専門的な高度な知識と技能」と「人間関係形成・社会形成能力」を，授業で育てることが求められています。特に近年は後者の重要性が高まってきました。いくら知識や技能があっても，それを人間関係が複雑に絡み合う組織や地域社会で生かせなければ，意味がないからです。

　授業で「人間関係形成・社会形成能力」もしっかりと育てるためには，授業環境となるクラス集団を，学生たちが，友人と一緒に，自ら，協調的に学び合える雰囲気をもった集団として，形成していくことが大切です。そのための集団形成のチャンスとして，授業を活用していきます。

　したがって，教師が学生たちに，知識や技能について説明や解説を一方通行で行うだけの授業展開では，不十分なのです。理想となるのは，「専門的な高度な知識と技能」と「人間関係形成・社会形成能力」の両方の育成を，授業で，統合的に行うことです。つまり，学生同士が考えを交流させたり，小グループで特定のプロジェクトを追求する活動をさせたりするなど，学生同士が能動的にかかわり合って学び合えるような場面設定を盛り込んだ授業の展開が，いま，求められています。

　しかし現在は，対人交流，集団参加の体験が少なくなった，いわば従来よりも人間関係形成能力の低下した学生たちが教室に集っています。そして，学生たちの学習意欲にも，とても大きな温度差が見られます。このような傾向の高い学生たちは，「社会や集団にうまく適応できない」というよりも，「そもそも参加すること，集団になること」にむずかしさがあります。教師は，その学生たちを一つの集団としてまとめながら，クラス全

第４章　授業に結果を活かす

体で取り組む「"授業"という集団活動」を，学生同士の交流を意識的に設定しながら展開していかなければならないのです。これは口で言うほど易しいものではありません。

　さらに，学習を定着させ深めさせるためには，「形だけの授業」に陥らせないことが大切です。例えば，「かたさの見られる学級」の授業には，静かに整然と展開しやすい（既にできている）という面はあるのですが，クラスにリレーションが確立していないために「しらけた雰囲気」という面もあり，教師がそこに気をつけて工夫のある授業を展開していかないと，いくら板書や説明をしても，教師からの一方的な展開になってしまいます。これでは学生の自主的な学びにつながらず，学習が深まりません。また，「ゆるみの見られる学級」では，楽しくのびのびと盛りあがりながら展開しやすい（既にできている）という面はあるのですが，クラスにルールが確立していないため，「いまが楽しければよい」という場当たり的な活動になりやすい面があり，もしそうなってしまうと学習が深まりません。

　そこで，授業づくりでは，最低限，次の２つをおさえる必要があります。

(1)　いま，授業を展開しようとしているクラスの状態を把握し，その状態に応じて授業全体の展開・構成を工夫する

(2)　授業を進めるうえでの学生たちへの働きかけに，クラスづくりの専門的スキルを活用して，クラスの状態に応じて駆使する

　どんなにその領域の学識が深い教師でも，(1)(2)を押さえなければ，学生たちの学習活動を建設的なものにすることはむずかしいのです。hyper-QUを生かして授業を進めるとは，hyper-QUの結果をもとに，(1)(2)について，そのクラスにあった対策を事前に立てて，授業を展開していくということです。

●クラスの状態に応じて授業を工夫する

　hyper-QUの結果を見ると，代表的なクラスの状態を知ることができます。代表的な状態は，①親和的なまとまりのある集団，②かたさの見られる集団，③ゆるみの見られる集団，④荒れ始めの集団，⑤崩壊した集団，⑥ばらばらな集団，の6つの状態です。

　それぞれの状態には，集団の状態を規定する，「学生同士の関係性・学生たちの学習に対するモチベーションの分布・集団の規律の確立度」などが溶け込み，一定の特徴を呈しています。教師はその学級集団の状態の特性に応じて，授業を工夫する必要があります。

　教師として留意が求められる，②かたさの見られる集団，③ゆるみの見られる集団，④荒れ始めの集団の授業展開のポイントは，次節以降で解説します。

●授業スキル

　前述の(2)クラス集団づくりの専門的スキルとして，授業スキルになじんでおくことが有効です。授業スキルには，P（performance）機能の応用である「教師の能動的対応スキル」と，M（maintenance）機能の応用である「学生への対応スキル」があります（具体的に授業スキルは，次節以降にその概略を述べます）。

　自分の指導行動のスタイルを，PMリーダーシップ理論（三隅，1984）をもとに確認すると，授業の際，学生に取組みや活動の課題遂行をうながす機能であるP機能と，学生個々の情緒の安定やクラス内の好ましい人間関係を育成，逸脱行動への対応などの集団維持機能であるM機能の2つの視点があります。P，M両機能のバランスのよい能動的な発揮が，理想となる授業では求められます。教師のP機能，M機能の発揮については，本書106ページのコラムも参考にしてください。

第4章　授業に結果を活かす

《教師の能動的対応スキル》　P機能の応用であり，教師から授業を展開させるための具体的な技術です。骨子は，学生たちの抵抗がないよう，教師が指導したいことを学生たちに「自らやりたい」という気にさせることです。

代表的なスキル

- 発問……学生たちが学習に向かうきっかけとなる，教師からの問いかけ。学生の言語化できていない興味や問いをうながすように発するのが理想。
- 指示……授業で学生たちが活動する内容，活動の仕方を示し，実際に活動するように，行動を促すこと。
- 説明……学習する内容，意義，方法を学生たちが理解できるように解説すること。興味・関心をもてるように展開できることが理想。
- 提示……思考を整理する，意欲を喚起する，活動の見通しがもてる，このような板書やプリントを配付したりして，具体的な教材を示すこと。
- 活動の促進……学習・意欲を向上させる活動。代表的なものとして，「特定の学生に代表的な問いに回答させる」「机間指導による個別の声がけ」。

《学生への対応スキル》　M機能を応用した技術です。骨子は，「対応した学生を納得させ，行動を改めさせる」「その様子を見ていた周りの学生たちにも，その個別対応の様子から，授業中に期待される行動の仕方を学ばせる」ことです。

代表的なスキル

- 発言の取り上げ……一部の意見や考えを，全員の学習の意欲喚起や，深まりにつながるように取り上げること。全体のなかで個人の存在を認める行動でもある。
- 賞賛……行動や態度を持続させたい，促進させたいときに行う，言葉がけ，ほほえみ，うなずき，など。活動意欲が低下してきた学生への励ましも含む。
- 注意……学生のいまの行動や態度を消去し，教師が期待する行動や態度に向かわせるように，言葉にして伝える，まなざしや表情で知らせる，こと。
- 集団の雰囲気づくり……緊張の緩和，意欲の喚起や維持につながる言葉がけ。教師が率先して楽しそうな雰囲気で語る，興味のある姿勢を示す，など。
- 自己開示……教師役割を一旦外して，学習内容，背景となる問題，学生との関係などについて，自分の思い，考え，経験などを率直に学生たちに語ること。

参考：教師の代表的な指導行動

参考文献　河村茂雄（2010）『授業づくりのゼロ段階』図書文化　／　河村茂雄ほか編（2004）『授業スキル　小学校編』『同　中学校編』図書文化

2 「かたさの見られる集団」の授業の工夫

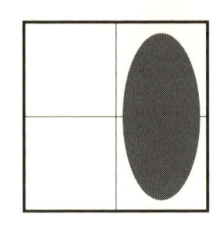

● 「かたさの見られる集団」の授業傾向

　このプロットが出現するクラスでは，教師や周囲から認められている学生と，そうでない学生が明確に分かれ，学生同士の間で意欲に温度差が生じていると考えられます。お互いを認め合う雰囲気がなく，学生たち自身でモチベーションを高めることがむずかしくなっています。その結果，授業は静かに展開していても，教師の一方的な説明になっており，学生たちが授業に向き合っていない状態です。学生たちには，「人の目を気にして，発言数が少ない」「特定の学生だけが発表する」「大半の学生が，学習活動が受け身になっている」「教師評価を気にして，言われたことしかやらない学生がいる」などの傾向が見られると考えられます。充実感の二極分化がさらに進むと，授業にブレーキがかかる可能性が高くなります。

● 「かたさの見られる集団」の授業の工夫

　このクラスには，「私語が少なく静かに授業が行われている」「授業展開がシンプルで，整然と行われている」「教師の指示が受けいれられる状態になっている」というプラス面があると考えられます。この面を生かしながら，以下の2点を実現していくとよいでしょう。

| 方針 | ・学生たちの活動量・自己表現を促進する
・すべての学生が認められる場面を設定する |

第4章　授業に結果を活かす

鉄則1　ほとんどの学生が取り組みやすいことからスタートする

《意義》このプロットが出現するクラスは，活動への取組み方が受け身になっており，自分たちで授業へのモチベーションを高めることがむずかしいと考えられます。そこで，学生たちが，活動に対して，「やらされている」「仕方なくやっている」というイメージをもたないようにします。

鉄則2　活動・作業・ゲーム的要素，IT機器などを取り入れる

《意義》このプロットが出現するクラスは，自分たちで授業のモチベーションを維持・促進することがむずかしくなっていると考えられます。そこで，授業展開は座学や板書一辺倒だけではなく，緩急をつけるひと工夫を取り入れることで，単純作業の飽きから生じる意欲の低下を防ぎます。

鉄則3　すべての学生が認められる場面を設定する

《意義》このプロットが出現するクラスは，学生間で承認感の差が大きいため，「できる学生」だけがほめられる機会が多くなっていると考えられます。そこで，授業のなかに，「一人一人が注目され認められる」場面を盛り込み，すべての学生の意欲の喚起と維持につなげます。

鉄則4　机間指導をしながら，目立たない学生に個別に声がけをする

《意義》このプロットが出現するクラスは，学生間で授業に対して温度差があり，目立つ学生と目立たない学生が明確に分かれていると考えられます。目立つ学生ばかりをほめがちですが，目立たなくてもふつうにできている学生の意欲を低下させないようにするための対応が必要です。

鉄則5　授業のなかで教師個人の思い，考えを自己開示する

《意義》このプロットが出現するクラスは，授業に対して受け身であることが基本になっていると考えられます。学習の定着・深まりを促進するために，教師自身が，「失敗しても構わない。やらないで悔やむことが最もさびしい」と感じていることを，学生たちに感じさせることが大切です。

3 「ゆるみの見られる集団」の授業の工夫

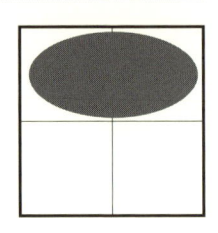

● 「ゆるみの見られる集団」の授業傾向

　このプロットが出現するクラスでは，授業は，一見，冗談が飛び交い楽しく盛り上がっているようにも見えますが，注意が必要です。集団にルールが確立されていないので，授業では，私語や手遊びが多く，学習に集中できない場面が多く見られ，学習が深まっていないことが考えられます。この雰囲気のなかでは，いくら活動してもまとまった成果は得られず，学生たちは「活動をやった」という実感がもてません。

　学生たちには，「人の意見をしっかり聞けない」「建設的な意見や考え，発表が少ない」「冷やかしが多い」などの傾向が見られることが考えられます。やがて，傷つくことを避けようとして，小グループで固まり始めることが考えられます。そうなると，ますます集中がむずかしくなります。

● 「ゆるみの見られる集団」の授業の工夫

　このクラスには，「教師に対しての緊張が少なく，自己表現がしやすい」「感情表出がしやすく，明るくにぎやかである」「教師に対して自分の意見や考えを言いやすい」というプラス面があると考えられます。この面を生かしながら，以下の2点を実現していくとよいでしょう。

方針	・規律ある学習活動の楽しさを体験させる
	・規律ある学習活動の展開を習慣化させる

第4章　授業に結果を活かす

| 鉄則1 | 授業に参加し活動するためのルールを定着させる |

《意義》このプロットが出現するクラスは，活動の取り組み方が，なれ合い方式になってきていることが考えられるので，ルールを軽視しないことが大切です。ルールを守って活動できた実績を積み重ね，「みんなで活動する際にはルールが必要であること」を実感させていくことが有効です。

| 鉄則2 | 短時間で指示が通るような工夫をする |

《意義》このプロットが出現するクラスは，なれ合い方式で授業が展開することが多くなっていると考えられます。学習の内容・目的・方法を共有していないと，学生たちの意欲はすぐに低下してしまいます。但し，わからせようとして言葉で長々と説明して伝えることはむずかしいでしょう。

| 鉄則3 | 型の設定，ルーティンの活動を取り入れて，授業を構成する |

《意義》このプロットが出現するクラスは，場当たり的な活動が多くなっていると考えられます。「ルールを守ろう」という意識が低い状態で個々の勝手な発言が増えると，活動量が低下しがちです。授業展開にメリハリとリズムをもたせ，緩んだ空気を払拭することが必要です。

| 鉄則4 | 時間を設定し，一つの活動をやりきらせる |

《意義》このプロットが出現するクラスは，いくら活動しても，まとまった成果が得にくくなっており，学生たちは，活動に対する達成感が実感されなくなっていることが考えられます。活動の成果は，できるだけ形にして提示して，学生たち自身に努力を実感させていくことが必要です。

| 鉄則5 | 学生たちとは，少し広めの心理的距離をとる |

《意義》このプロットが出現するクラスは，教師と学生たちの関係性がなれ合いになってきていることが考えられます。なれ合いを払拭するために，「休み時間」と「授業」のけじめを教師が身をもって示すなど，規律ある活動の展開を重視していることを，教師自身が示すことが大切です。

4 「荒れ始めの集団」の授業の工夫

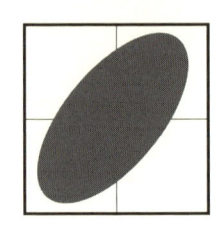

● 「荒れ始めの集団」の授業傾向

　このプロットが出現するクラスは，「かたさの見られる集団」「ゆるみの見られる集団」で見られる一部の非建設的な行動や雰囲気が集団全体に広がってきて，授業展開にむずかしさが生じていると考えられます。

　授業は，教師の厳しい叱責により，かろうじて体をなしている場合が多く，真に学習活動に参加している学生は少なく，いくら授業をやっても学習の定着がむずかしくなってきています。逸脱行動により授業の進行が妨げられることがあり，一部のまじめにやりたい学生も，周りの目が気になって，素直に授業に向かうことがむずかしくなっています。授業のルールは意識的に無視されており，教師が，通常のリーダーシップのとり方で，一貫した展開をしようとすることがむずかしくなってきています。

● 「荒れ始めの集団」の授業の工夫

　「かたさの見られる集団」「ゆるみの見られる集団」のマイナス面が常態化し，その影響がプラス面を侵害していると考えられます。非建設的な行動を除去しつつ，建設的な行動を定着させていくことが必要です。

方針	・教師の指導の正当性を確立する ・学生たちの個々の学習を保障する ・建設的に学習に取り組もうとする学生が多数派になる流れを形成する

第4章　授業に結果を活かす

鉄則1　定めた型に沿った授業の展開を行う

《意義》このプロットが出現するクラスは，ルールを守って行動することに，抵抗を感じやすい雰囲気になってきていると考えられます。ルーズになってきたルールを意識させ，そのルールに沿って活動させ，それをできたのが一部だとしても，活動できた事実を積み上げていくことが大切です。

鉄則2　展開はシンプルに，学習内容，やるべきことは明確にする

《意義》このプロットが出現するクラスは，「ルールに沿って活動しよう」という意識が低下してきていると考えられます。この場合，態度は少し悪いとしても，とにかく活動を最後までやり遂げさせることが大切です。そこで，授業をシンプルでわかりやすい展開にすることが考えられます。

鉄則3　学習内容を保障するために，個別学習の比率を高める

《意義》このプロットが出現するクラスは，まじめにやろうとしている学生が認められにくくなってきていると考えられます。一人一人の学習活動の時間と量を保障し，達成した事実を積み重ねていくことで，学生一人一人の活動量と意欲を維持しつつ，全体の学習の習慣化を図っていきます。

鉄則4　丸付けなどを，プラスの言葉がけとともに，個別に行う

《意義》このプロットが出現するクラスは，教師から言われたことをやることに抵抗を感じやすい雰囲気になってきている，と考えられます。教師は，一人一人の学習活動を見守っていることを伝えたうえで，机間指導などを通して，指導の正当性を個別に確立していくことが大切です。

鉄則5　逸脱行動をする学生に巻き込まれない／深追いしない

《意義》このプロットが出現するクラスは，逸脱行動に対して周囲がそれを助長したり共鳴したりする雰囲気が高まってきていると考えられます。教師が「逸脱行動に対して見てみないふりをすること」「個別対応に時間をかけすぎて一斉の展開に支障をきたすこと」は，避けねばなりません。

コラム 教師のリーダーシップ

●教師に必要なリーダーシップとは

　同じ活動を行う場合でも，教師が学生たちに「どのように説明したか」「どのような対応をしたか」ということは，クラスの雰囲気に大きな影響を及ぼします。したがって，クラス経営を考えるうえでは，教師が自分の指導行動のあり方を吟味し，工夫していくことも大切です。

　指導行動が有効に作用するかどうかは，学生たちの特性やクラスの状況と，教師のリーダーシップスタイルとの相性にかかっています。

　教師のリーダーシップのとり方の方向と強さを考えるうえで，三隅（1984）の「PM理論」が参考になります。このなかで，リーダーシップ機能には2つの次元があることが提唱されています。

　一つは，目標達成ないし課題遂行機能である「P機能（performance）」です。教師の指導行動で考えると，学習指導や生徒指導などです。

　もう一つは，集団維持機能である「M機能（maintenance）」です。教師の指導行動で考えると，学生の情緒の安定を促したり，クラス集団自体を親和的にまとめたりする機能です。

●教師のリーダーシップスタイルとクラス集団の関係

　「P機能」「M機能」という2つの機能の組み合わせから，4つのリーダーシップスタイルが提唱されています。

> P型……P機能を強く発揮し，M機能の発揮が弱い。心情面に配慮する面が弱く，一貫して厳しく指導する
> M型……P機能の発揮が弱く，M機能を強く発揮する。強い指導はしないで穏和で気遣い細やかに指導する
> ｐｍ型……P機能とM機能の発揮がともに弱い。指導も援助も計画的

> に意識して行うことが少ない
> ＰＭ型……Ｐ機能とＭ機能をともに強く発揮する。細やかな気遣いのなかに強い指導性を併せもっている

　クラスの前提が同じである場合，クラスがスタートして一か月経った頃のクラス集団の状態は，教師の指導スタイルとの間に一定の関係があることがわかっています。

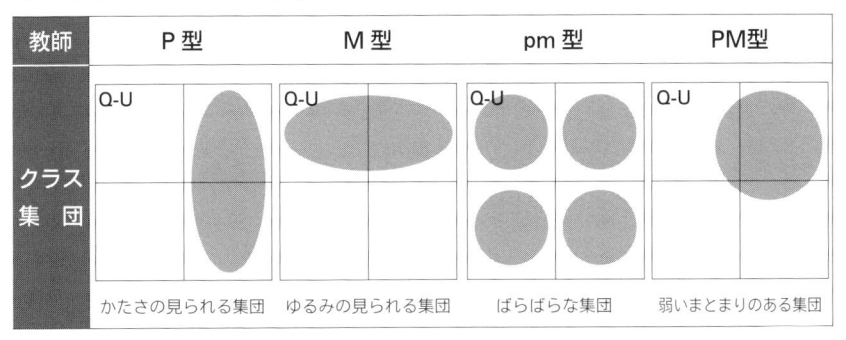

教師	Ｐ型	Ｍ型	pm型	ＰＭ型
クラス集団	かたさの見られる集団	ゆるみの見られる集団	ばらばらな集団	弱いまとまりのある集団

● ＰＭ型をめざすには

　自分の指導スタイルを自覚してバランスをとるように，Ｐ機能とＭ機能をともに強く発揮するように日頃から心がけていても，学級がかたさやゆるみの見られる状態になってしまう場合があります。
　努力に対して効果が少ない場合，次のような原因が考えられます。
・自分ではＰＭ型と思っているが，学生にはＰ型と受け取られてしまう
・Ｍ型でＰ機能を適切に発揮しようと努力しているが，うまくいかない
・Ｐ型でＭ機能を適切に発揮しようと努力しているが，うまくいかない
　学生たちへの指導効果を考えるうえでは，Ｐ機能とＭ機能のバランスに量的な偏りがないかチェックすることに加えて，Ｐ機能とＭ機能がそれぞれどのような形で展開されているか，学生たちにどのようなイメージを与えているかという質的な側面をチェックすることが大切です。

あとがき

　専門学校の先生方の研修会に参加させていただくたびに，いろいろな領域の先生方のお話を伺い，先生方のご苦労を痛感しています。

　専門学校のクラス経営に顕著なのは，「学生間で学力・学習意欲のばらつきが大きく，授業の展開がむずかしい」「対人・集団不適応傾向の学生が多く（高等学校までに問題が解決できていない場合が多い），個別対応がむずかしい」ということです。そのうえで，担任の先生方のクラス経営がむずかしく，仕事量が多いのです。

　ある先生から，「担任する学生たち一人一人のアルバイト先を訪問し，その後，学習とバイトの両立について話をしました」という話を伺い，自分のゼミ生に対する対応を省みて，ずいぶん考えさせられました。そこまで個別に丁寧な対応をしていなかったからです。

　学生たちに対して，「専門的で高度な知識・技能」と「人間関係形成・社会形成能力」を統合的に育成する使命は，大学も専門学校も変わりません。本書の作成は，大学の教師としての自分の教育実践・学生たちへの対応についても，再検討する機会になりました。

　最終的に青年たちを社会に巣だたせるための能力を育成する使命をもった先生方に，hyper-QUを活用して，専門学校の特性をより向上させることができるように，本書がそのたたき台になれば幸いです。

２０１０年８月
就職問題が厳しくなっているなかで，学生たちの健闘を祈りながら

河村茂雄

■編著者

河村 茂雄　かわむら・しげお
早稲田大学教育・総合科学学術院教授。博士（心理学）。筑波大学大学院教育研究科カウンセリング専攻修了。公立学校教諭・教育相談員を経験し、岩手大学助教授、都留文科大学大学院教授を経て、現職。日本教育カウンセリング学会常任理事。日本カウンセリング学会常任理事。日本教育心理学会理事。論理療法、構成的グループエンカウンター、ソーシャルスキルトレーニング、教師のリーダーシップと学級経営について研究を続ける。「教育実践に生かせる研究、研究成果に基づく知見の発信」がモットー。著書：『教師のためのソーシャル・スキル』『教師力 上・下巻』（誠信書房）、『若い教師の悩みに答える本』（学陽書房）、『学級崩壊 予防・回復マニュアル』『学級担任の特別支援教育』『学級づくりのためのQ-U入門』『データが語る①～③』『いま子どもたちに育てたい学級ソーシャルスキル』『日本の学級集団と学級経営－集団の教育力を生かす学校システムの原理と展望－』（図書文化）ほか多数。

■執筆者

片瀬 拓弥　かたせ・たくや　▶▶▶ P.76～87
(学)未来学舎専門学校未来ビジネスカレッジに勤務、教務部長。博士（工学）。1989年東北大学理学部卒業、1991年東北大学理学研究科修士課程修了。2008年信州大学総合工学系研究科博士後期課程修了。1997年より、現職。

長須 正明　ながす・まさあき　▶▶▶ P.79～93
東京聖栄大学健康栄養学部教授。青山学院大学大学院文学研究科教育学専攻博士後期課程満期退学。教育に関する諸問題に福祉の観点からアプローチしている。編著書『大学・短大卒業後専門学校で学んだ人のキャリア形成』（専進研）ほか。

堀口 哲男　ほりぐち・てつお　▶▶▶ P.46～51
(財)応用教育研究所研究課長。千葉大学教育学部心理学専攻修了。教育・心理検査の研究・開発・標準化に主事しながら、全国で、教育評価、教育・心理検査の利用に関する講師をしている。著書：『心理テスト法入門』（分担執筆、日本文化科学社）ほか。

武蔵 由佳　むさし・ゆか　▶▶▶ P.64～75
盛岡大学助教。博士（心理学）。上級教育カウンセラー、学校心理士、臨床心理士。公立中学校・私立高校の相談員、都留文科大学および早稲田大学非常勤講師を経て、現職。著書は、『Q-Uによる学級経営スーパーバイズ・ガイド』（共編、図書文化）ほか。

■取材協力
清水 恵美　[学校法人 未来学舎]
田中 優子　[学校法人 未来学舎]
花岡 千衣　[学校法人 未来学舎]

（50音順、敬称略）
（所属・略歴は2011年2月現在）

専門学校の先生のための
hyper-QUガイド
退学予防とキャリアサポートに活かす
"学生生活アンケート"

2011年3月1日　初版第1刷発行［検印省略］
2015年7月10日　初版第2刷発行

編著者　Ⓒ河村茂雄
発行人　福富　泉
発行所　株式会社　図書文化社
〒112-0012　東京都文京区大塚 1-4-15
TEL 03-3943-2511　FAX 03-3943-2519
振替00160-7-67697
http://www.toshobunka.co.jp/
イラスト　後藤憲二
装幀　本永惠子デザイン室
印刷　株式会社　厚徳社
製本　株式会社　駒崎製本所

ISBN 978-4-8100-0575-2 C3037
乱丁・落丁の場合は，お取り替えいたします。
定価はカバーに表示してあります。

教育カウンセリングを生かした教育実践

●教育カウンセリングの原点

教育カウンセリング概説
國分康孝 著　　A5判　本体1,000円+税

新版 教育カウンセラー標準テキスト　初級編／中級編／上級編
NPO日本教育カウンセラー協会 編　　B5判　本体各3,300円+税

●学生とどうかかわるか

図とイラストですぐわかる 教師が使えるカウンセリングテクニック80
諸富祥彦 著　　四六判　本体1,800円+税

今日から始める 学級担任のためのアドラー心理学
会沢信彦・岩井俊憲 編著　　四六判　本体1,800円+税

教師のコミュニケーション事典
國分康孝・國分久子 監修　　A5判　本体5,400円+税

事例で読む 生き方を支える進路相談
飯野哲朗 著　　A5判　本体1,800円+税

●構成的グループエンカウンター

構成的グループエンカウンター事典
國分康孝・國分久子 総編集　　A5判　本体6,000円+税

教師のためのエンカウンター入門
片野智治 著　　A5判　本体1,000円+税

●ピアヘルピング

ピアヘルパーハンドブック
NPO日本教育カウンセラー協会 編　　A5判　本体1,500円+税

ピアヘルパーワークブック
NPO日本教育カウンセラー協会 編　　A4判　本体1,500円+税

●その他

18歳からの人生デザイン
國分康孝 著　　四六判　本体1,200円+税

教師の悩みとメンタルヘルス
諸富祥彦 著　　四六判　本体1,600円+税

図書文化